ALBANESE
VOCABOLARIO

PER STUDIO AUTODIDATTICO

ITALIANO-ALBANESE

Le parole più utili
Per ampliare il proprio lessico e affinare
le proprie abilità linguistiche

5000 parole

Vocabolario Italiano-Albanese per studio autodidattico - 5000 parole
Di Andrey Taranov

I vocabolari T&P Books si propongono come strumento di aiuto per apprendere, memorizzare e revisionare l'uso di termini stranieri. Il dizionario si divide in vari argomenti che includono la maggior parte delle attività quotidiane, tra cui affari, scienza, cultura, ecc.

Il processo di apprendimento delle parole attraverso i dizionari divisi in liste tematiche della collana T&P Books offre i seguenti vantaggi:

- Le fonti d'informazione correttamente raggruppate garantiscono un buon risultato nella memorizzazione delle parole
- La possibilità di memorizzare gruppi di parole con la stessa radice (piuttosto che memorizzarle separatamente)
- Piccoli gruppi di parole facilitano il processo di apprendimento per associazione, utile al potenziamento lessicale
- Il livello di conoscenza della lingua può essere valutato attraverso il numero di parole apprese

Copyright © 2018 T&P Books Publishing

Tutti i diritti riservati. Nessuna parte del presente volume può essere riprodotta o trasmessa in qualsiasi forma o con qualsiasi mezzo elettronico, meccanico, fotocopie, registrazioni o riproduzioni senza l'autorizzazione scritta dell'editore.

T&P Books Publishing
www.tpbooks.com

ISBN: 978-1-78767-033-4

Questo libro è disponibile anche in formato e-book.
Visitate il sito www.tpbooks.com o le principali librerie online.

VOCABOLARIO ALBANESE
per studio autodidattico

I vocabolari T&P Books si propongono come strumento di aiuto per apprendere, memorizzare e revisionare l'uso di termini stranieri. Il vocabolario contiene oltre 5000 parole di uso comune ordinate per argomenti.

- Il vocabolario contiene le parole più comunemente usate
- È consigliato in aggiunta ad un corso di lingua
- Risponde alle esigenze degli studenti di lingue straniere sia essi principianti o di livello avanzato
- Pratico per un uso quotidiano, per gli esercizi di revisione e di autovalutazione
- Consente di valutare la conoscenza del proprio lessico

Caratteristiche specifiche del vocabolario:

- Le parole sono ordinate secondo il proprio significato e non alfabeticamente
- Le parole sono riportate in tre colonne diverse per facilitare il metodo di revisione e autovalutazione
- I gruppi di parole sono divisi in sottogruppi per facilitare il processo di apprendimento
- Il vocabolario offre una pratica e semplice trascrizione fonetica per ogni termine straniero

Il vocabolario contiene 155 argomenti tra cui:

Concetti di Base, Numeri, Colori, Mesi, Stagioni, Unità di Misura, Abbigliamento e Accessori, Cibo e Alimentazione, Ristorante, Membri della Famiglia, Parenti, Personalità, Sentimenti, Emozioni, Malattie, Città, Visita Turistica, Acquisti, Denaro, Casa, Ufficio, Lavoro d'Ufficio, Import-export, Marketing, Ricerca di un Lavoro, Sport, Istruzione, Computer, Internet, Utensili, Natura, Paesi, Nazionalità e altro ancora ...

INDICE

Guida alla pronuncia	9
Abbreviazioni	10

CONCETTI DI BASE
Concetti di base. Parte 1 — 11 / 11

1. Pronomi — 11
2. Saluti. Convenevoli. Saluti di congedo — 11
3. Come rivolgersi — 12
4. Numeri cardinali. Parte 1 — 12
5. Numeri cardinali. Parte 2 — 13
6. Numeri ordinali — 14
7. Numeri. Frazioni — 14
8. Numeri. Operazioni aritmetiche di base — 14
9. Numeri. Varie — 14
10. I verbi più importanti. Parte 1 — 15
11. I verbi più importanti. Parte 2 — 16
12. I verbi più importanti. Parte 3 — 17
13. I verbi più importanti. Parte 4 — 18
14. Colori — 19
15. Domande — 19
16. Preposizioni — 20
17. Parole grammaticali. Avverbi. Parte 1 — 20
18. Parole grammaticali. Avverbi. Parte 2 — 22

Concetti di base. Parte 2 — 24

19. Giorni della settimana — 24
20. Ore. Giorno e notte — 24
21. Mesi. Stagioni — 25
22. Unità di misura — 27
23. Contenitori — 28

ESSERE UMANO
Essere umano. Il corpo umano — 29 / 29

24. Testa — 29
25. Corpo umano — 30

Abbigliamento e Accessori — 31

26. Indumenti. Soprabiti — 31
27. Men's & women's clothing — 31

28. Abbigliamento. Biancheria intima	32
29. Copricapo	32
30. Calzature	32
31. Accessori personali	33
32. Abbigliamento. Varie	33
33. Cura della persona. Cosmetici	34
34. Orologi da polso. Orologio	35

Cibo. Alimentazione 36

35. Cibo	36
36. Bevande	37
37. Verdure	38
38. Frutta. Noci	39
39. Pane. Dolci	40
40. Pietanze cucinate	40
41. Spezie	41
42. Pasti	42
43. Preparazione della tavola	43
44. Ristorante	43

Famiglia, parenti e amici 44

45. Informazioni personali. Moduli	44
46. Membri della famiglia. Parenti	44

Medicinali 46

47. Malattie	46
48. Sintomi. Cure. Parte 1	47
49. Sintomi. Cure. Parte 2	48
50. Sintomi. Cure. Parte 3	49
51. Medici	50
52. Medicinali. Farmaci. Accessori	50

HABITAT UMANO 52
Città 52

53. Città. Vita di città	52
54. Servizi cittadini	53
55. Cartelli	54
56. Mezzi pubblici in città	55
57. Visita turistica	56
58. Acquisti	57
59. Denaro	58
60. Posta. Servizio postale	59

Abitazione. Casa 60

61. Casa. Elettricità	60

62.	Villa. Palazzo	60
63.	Appartamento	60
64.	Arredamento. Interno	61
65.	Biancheria da letto	62
66.	Cucina	62
67.	Bagno	63
68.	Elettrodomestici	64

ATTIVITÀ UMANA 65
Lavoro. Affari. Parte 1 65

69.	Ufficio. Lavorare in ufficio	65
70.	Operazioni d'affari. Parte 1	66
71.	Operazioni d'affari. Parte 2	67
72.	Attività produttiva. Lavori	68
73.	Contratto. Accordo	69
74.	Import-export	70
75.	Mezzi finanziari	70
76.	Marketing	71
77.	Pubblicità	72
78.	Attività bancaria	72
79.	Telefono. Conversazione telefonica	73
80.	Telefono cellulare	74
81.	Articoli di cancelleria	74
82.	Generi di attività commerciali	75

Lavoro. Affari. Parte 2 77

83.	Spettacolo. Mostra	77
84.	Scienza. Ricerca. Scienziati	78

Professioni e occupazioni 80

85.	Ricerca di un lavoro. Licenziamento	80
86.	Gente d'affari	80
87.	Professioni amministrative	81
88.	Professioni militari e gradi	82
89.	Funzionari. Sacerdoti	83
90.	Professioni agricole	83
91.	Professioni artistiche	84
92.	Professioni varie	84
93.	Attività lavorative. Condizione sociale	86

Istruzione 87

94.	Scuola	87
95.	Istituto superiore. Università	88
96.	Scienze. Discipline	89
97.	Sistema di scrittura. Ortografia	89
98.	Lingue straniere	90

Ristorante. Intrattenimento. Viaggi	92
99. Escursione. Viaggio	92
100. Hotel	92

ATTREZZATURA TECNICA. MEZZI DI TRASPORTO 94
Attrezzatura tecnica 94

101. Computer	94
102. Internet. Posta elettronica	95
103. Elettricità	96
104. Utensili	96

Mezzi di trasporto 99

105. Aeroplano	99
106. Treno	100
107. Nave	101
108. Aeroporto	102

Situazioni quotidiane 104

109. Vacanze. Evento	104
110. Funerali. Sepoltura	105
111. Guerra. Soldati	105
112. Guerra. Azioni militari. Parte 1	106
113. Guerra. Azioni militari. Parte 2	108
114. Armi	109
115. Gli antichi	111
116. Il Medio Evo	111
117. Leader. Capo. Le autorità	113
118. Infrangere la legge. Criminali. Parte 1	114
119. Infrangere la legge. Criminali. Parte 2	115
120. Polizia. Legge. Parte 1	116
121. Polizia. Legge. Parte 2	117

LA NATURA 119
La Terra. Parte 1 119

122. L'Universo	119
123. La Terra	120
124. Punti cardinali	121
125. Mare. Oceano	121
126. Nomi dei mari e degli oceani	122
127. Montagne	123
128. Nomi delle montagne	124
129. Fiumi	124
130. Nomi dei fiumi	125
131. Foresta	125
132. Risorse naturali	126

La Terra. Parte 2 — 128

133. Tempo — 128
134. Rigide condizioni metereologiche. Disastri naturali — 129

Fauna — 130

135. Mammiferi. Predatori — 130
136. Animali selvatici — 130
137. Animali domestici — 131
138. Uccelli — 132
139. Pesci. Animali marini — 134
140. Anfibi. Rettili — 134
141. Insetti — 135

Flora — 136

142. Alberi — 136
143. Arbusti — 136
144. Frutti. Bacche — 137
145. Fiori. Piante — 138
146. Cereali, granaglie — 139

PAESI. NAZIONALITÀ — 140

147. Europa occidentale — 140
148. Europa centrale e orientale — 140
149. Paesi dell'ex Unione Sovietica — 141
150. Asia — 141
151. America del Nord — 142
152. America centrale e America del Sud — 142
153. Africa — 143
154. Australia. Oceania — 143
155. Città — 143

GUIDA ALLA PRONUNCIA

Alfabeto fonetico T&P	Esempio albanese	Esempio italiano
[a]	flas [flas]	macchia
[e], [ɛ]	melodi [mɛlodí]	meno, leggere
[ə]	kërkoj [kərkój]	soldato (dialetto foggiano)
[i]	pikë [píkə]	vittoria
[o]	motor [motór]	notte
[u]	fuqi [fucí]	prugno
[y]	myshk [myʃk]	luccio
[b]	brakë [brákə]	bianco
[c]	oqean [ocɛán]	chiesa
[d]	adoptoj [adoptój]	doccia
[ʣ]	lexoj [lɛdzój]	zebra
[ʤ]	xham [dʒam]	piangere
[ð]	dhomë [ðómə]	come [z] ma con la lingua fra i denti
[f]	i fortë [i fórtə]	ferrovia
[g]	bullgari [buɫgarí]	guerriero
[h]	jaht [jáht]	[h] aspirate
[j]	hyrje [hýrjɛ]	New York
[ɟ]	zgjedh [zɟɛð]	ghianda
[k]	korik [korík]	cometa
[l]	lëviz [ləvíz]	saluto
[ɫ]	shkallë [ʃkáɫə]	letto
[m]	medalje [mɛdáljɛ]	mostra
[n]	klan [klan]	notte
[ɲ]	spanjoll [spaɲóɫ]	stagno
[ŋ]	trung [truŋ]	anche
[p]	polici [politsí]	pieno
[r]	i erët [i érət]	ritmo, raro
[ɾ]	groshë [gróʃə]	Spagnolo - pero
[s]	spital [spitál]	sapere
[ʃ]	shes [ʃɛs]	ruscello
[t]	tapet [tapét]	tattica
[ʦ]	batica [batítsa]	calzini
[ʧ]	kaçube [katʃúbɛ]	cinque
[v]	javor [javór]	volare
[z]	horizont [horizónt]	rosa
[ʒ]	kuzhinë [kuʒínə]	beige
[θ]	përkthej [pərkθéj]	Toscana (dialetto toscano)

ABBREVIAZIONI
usate nel vocabolario

Italiano. Abbreviazioni

agg	-	aggettivo
anim.	-	animato
avv	-	avverbio
cong	-	congiunzione
ecc.	-	eccetera
f	-	sostantivo femminile
f pl	-	femminile plurale
fem.	-	femminile
form.	-	formale
inanim.	-	inanimato
inform.	-	familiare
m	-	sostantivo maschile
m pl	-	maschile plurale
m, f	-	maschile, femminile
masc.	-	maschile
mil.	-	militare
pl	-	plurale
pron	-	pronome
qc	-	qualcosa
qn	-	qualcuno
sing.	-	singolare
v aus	-	verbo ausiliare
vi	-	verbo intransitivo
vi, vt	-	verbo intransitivo, transitivo
vr	-	verbo riflessivo
vt	-	verbo transitivo

Albanese. Abbreviazioni

f	-	sostantivo femminile
m	-	sostantivo maschile
pl	-	plurale

CONCETTI DI BASE

Concetti di base. Parte 1

1. Pronomi

io	Unë, mua	[unə], [múa]
tu	ti, ty	[ti], [ty]
lui	ai	[aí]
lei	ajo	[ajó]
esso	ai	[aí]
noi	ne	[nɛ]
voi	ju	[ju]
loro (masc.)	ata	[atá]
loro (fem.)	ato	[ató]

2. Saluti. Convenevoli. Saluti di congedo

Salve!	Përshëndetje!	[pərʃəndétjɛ!]
Buongiorno!	Përshëndetje!	[pərʃəndétjɛ!]
Buongiorno! (la mattina)	Mirëmëngjes!	[mirəmənɟés!]
Buon pomeriggio!	Mirëdita!	[mirədíta!]
Buonasera!	Mirëmbrëma!	[mirəmbréma!]
salutare (vt)	përshëndes	[pərʃəndés]
Ciao! Salve!	Ç'kemi!	[tʃkémi!]
saluto (m)	përshëndetje (f)	[pərʃəndétjɛ]
salutare (vt)	përshëndes	[pərʃəndés]
Come sta?	Si jeni?	[si jéni?]
Come stai?	Si je?	[si jɛ?]
Che c'è di nuovo?	Çfarë ka të re?	[tʃfárə ká tə ré?]
Arrivederci!	Mirupafshim!	[mirupáfʃim!]
Ciao!	U pafshim!	[u páfʃim!]
A presto!	Shihemi së shpejti!	[ʃíhɛmi sə ʃpéjti!]
Addio!	Lamtumirë!	[lamtumírə!]
congedarsi (vr)	përshëndetem	[pərʃəndétɛm]
Ciao! (A presto!)	Tungjatjeta!	[tunɟatjéta!]
Grazie!	Faleminderit!	[falɛmindérit!]
Grazie mille!	Falemindérit shumë!	[falɛmindérit ʃúmɛ!]
Prego	Të lutem	[tə lútɛm]
Non c'è di che!	Asgjë!	[asɟé!]
Di niente	Asgjë	[asɟé]

Scusa!	Më fal!	[mə fal!]
Scusi!	Më falni!	[mə fálni!]
scusare (vt)	fal	[fal]

scusarsi (vr)	kërkoj falje	[kərkój fáljɛ]
Chiedo scusa	Kërkoj ndjesë	[kərkój ndjésə]
Mi perdoni!	Më vjen keq!	[mə vjɛn kɛc!]
perdonare (vt)	fal	[fal]
Non fa niente	S'ka gjë!	[s'ka ɟə!]
per favore	të lutem	[tə lútɛm]

Non dimentichi!	Mos harro!	[mos haró!]
Certamente!	Sigurisht!	[sigurí∫t!]
Certamente no!	Sigurisht që jo!	[sigurí∫t cə jo!]
D'accordo!	Në rregull!	[nə réguɫ!]
Basta!	Mjafton!	[mjaftón!]

3. Come rivolgersi

Mi scusi!	Më falni, ...	[mə fálni, ...]
signore	zotëri	[zotərí]
signora	zonjë	[zóɲə]
signorina	zonjushë	[zoɲúʃə]
signore	djalë i ri	[djálə i rí]
ragazzo	djalosh	[djaló∫]
ragazza	vajzë	[vájzə]

4. Numeri cardinali. Parte 1

zero (m)	zero	[zéro]
uno	një	[ɲə]
due	dy	[dy]
tre	tre	[trɛ]
quattro	katër	[kátər]

cinque	pesë	[pésə]
sei	gjashtë	[ɟá∫tə]
sette	shtatë	[∫tátə]
otto	tetë	[tétə]
nove	nëntë	[nəntə]

dieci	dhjetë	[ðjétə]
undici	njëmbëdhjetë	[ɲəmbəðjétə]
dodici	dymbëdhjetë	[dymbəðjétə]
tredici	trembëdhjetë	[trɛmbəðjétə]
quattordici	katërmbëdhjetë	[katərmbəðjétə]

quindici	pesëmbëdhjetë	[pɛsəmbəðjétə]
sedici	gjashtëmbëdhjetë	[ɟa∫təmbəðjétə]
diciassette	shtatëmbëdhjetë	[∫tatəmbəðjétə]
diciotto	tetëmbëdhjetë	[tɛtəmbəðjétə]
diciannove	nëntëmbëdhjetë	[nəntəmbəðjétə]

venti	njëzet	[nəzét]
ventuno	njëzet e një	[nəzét ɛ ɲə]
ventidue	njëzet e dy	[nəzét ɛ dy]
ventitre	njëzet e tre	[nəzét ɛ trɛ]
trenta	tridhjetë	[triðjétə]
trentuno	tridhjetë e një	[triðjétə ɛ ɲə]
trentadue	tridhjetë e dy	[triðjétə ɛ dy]
trentatre	tridhjetë e tre	[triðjétə ɛ trɛ]
quaranta	dyzet	[dyzét]
quarantuno	dyzet e një	[dyzét ɛ ɲə]
quarantadue	dyzet e dy	[dyzét ɛ dy]
quarantatre	dyzet e tre	[dyzét ɛ trɛ]
cinquanta	pesëdhjetë	[pɛsəðjétə]
cinquantuno	pesëdhjetë e një	[pɛsəðjétə ɛ ɲə]
cinquantadue	pesëdhjetë e dy	[pɛsəðjétə ɛ dy]
cinquantatre	pesëdhjetë e tre	[pɛsəðjétə ɛ trɛ]
sessanta	gjashtëdhjetë	[ɟaʃtəðjétə]
sessantuno	gjashtëdhjetë e një	[ɟaʃtəðjétə ɛ ɲə]
sessantadue	gjashtëdhjetë e dy	[ɟaʃtəðjétə ɛ dý]
sessantatre	gjashtëdhjetë e tre	[ɟaʃtəðjétə ɛ tré]
settanta	shtatëdhjetë	[ʃtatəðjétə]
settantuno	shtatëdhjetë e një	[ʃtatəðjétə ɛ ɲə]
settantadue	shtatëdhjetë e dy	[ʃtatəðjétə ɛ dy]
settantatre	shtatëdhjetë e tre	[ʃtatəðjétə ɛ trɛ]
ottanta	tetëdhjetë	[tɛtəðjétə]
ottantuno	tetëdhjetë e një	[tɛtəðjétə ɛ ɲə]
ottantadue	tetëdhjetë e dy	[tɛtəðjétə ɛ dy]
ottantatre	tetëdhjetë e tre	[tɛtəðjétə ɛ trɛ]
novanta	nëntëdhjetë	[nəntəðjétə]
novantuno	nëntëdhjetë e një	[nəntəðjétə ɛ ɲə]
novantadue	nëntëdhjetë e dy	[nəntəðjétə ɛ dy]
novantatre	nëntëdhjetë e tre	[nəntəðjétə ɛ trɛ]

5. Numeri cardinali. Parte 2

cento	njëqind	[ɲəcínd]
duecento	dyqind	[dycínd]
trecento	treqind	[trɛcínd]
quattrocento	katërqind	[katərcínd]
cinquecento	pesëqind	[pɛsəcínd]
seicento	gjashtëqind	[ɟaʃtəcínd]
settecento	shtatëqind	[ʃtatəcínd]
ottocento	tetëqind	[tɛtəcínd]
novecento	nëntëqind	[nəntəcínd]
mille	një mijë	[ɲə míjə]
duemila	dy mijë	[dy míjə]

tremila	tre mijë	[trɛ míjə]
diecimila	dhjetë mijë	[ðjétə míjə]
centomila	njëqind mijë	[ɲecínd míjə]
milione (m)	milion (m)	[milión]
miliardo (m)	miliardë (f)	[miliárdə]

6. Numeri ordinali

primo	i pari	[i pári]
secondo	i dyti	[i dýti]
terzo	i treti	[i tréti]
quarto	i katërti	[i kátərti]
quinto	i pesti	[i pésti]
sesto	i gjashti	[i ɟáʃti]
settimo	i shtati	[i ʃtáti]
ottavo	i teti	[i téti]
nono	i nënti	[i nə́nti]
decimo	i dhjeti	[i ðjéti]

7. Numeri. Frazioni

frazione (f)	thyesë (f)	[θýɛsə]
un mezzo	gjysma	[ɟýsma]
un terzo	një e treta	[ɲə ɛ tréta]
un quarto	një e katërta	[ɲə ɛ kátərta]
un ottavo	një e teta	[ɲə ɛ téta]
un decimo	një e dhjeta	[ɲə ɛ ðjéta]
due terzi	dy të tretat	[dy tə trétat]
tre quarti	tre të katërtat	[trɛ tə kátərtat]

8. Numeri. Operazioni aritmetiche di base

sottrazione (f)	zbritje (f)	[zbrítjɛ]
sottrarre (vt)	zbres	[zbrɛs]
divisione (f)	pjesëtim (m)	[pjɛsətím]
dividere (vt)	pjesëtoj	[pjɛsətój]
addizione (f)	mbledhje (f)	[mbléðjɛ]
addizionare (vt)	shtoj	[ʃtoj]
aggiungere (vt)	mbledh	[mbléð]
moltiplicazione (f)	shumëzim (m)	[ʃumǝzím]
moltiplicare (vt)	shumëzoj	[ʃumǝzój]

9. Numeri. Varie

cifra (f)	shifër (f)	[ʃífər]
numero (m)	numër (m)	[númər]

numerale (m)	numerik (m)	[numɛrík]
meno (m)	minus (m)	[minús]
più (m)	plus (m)	[plus]
formula (f)	formulë (f)	[formúlə]

calcolo (m)	llogaritje (f)	[łogarítjɛ]
contare (vt)	numëroj	[numərój]
calcolare (vt)	llogaris	[łogarís]
comparare (vt)	krahasoj	[krahasój]

Quanto? Quanti?	Sa?	[sa?]
somma (f)	shuma (f)	[ʃúma]
risultato (m)	rezultat (m)	[rɛzultát]
resto (m)	mbetje (f)	[mbétjɛ]

qualche ...	disa	[disá]
un po' di ...	pak	[pak]
alcuni, pochi (non molti)	disa	[disá]
poco (non molto)	pak	[pak]
resto (m)	mbetje (f)	[mbétjɛ]
uno e mezzo	një e gjysmë (f)	[nə ɛ ɟýsmə]
dozzina (f)	dyzinë (f)	[dyzínə]

in due	përgjysmë	[pərɟýsmə]
in parti uguali	gjysmë për gjysmë	[ɟýsmə pər ɟýsmə]
metà (f), mezzo (m)	gjysmë (f)	[ɟýsmə]
volta (f)	herë (f)	[hérə]

10. I verbi più importanti. Parte 1

accorgersi (vr)	vërej	[vəréj]
afferrare (vt)	kap	[kap]
affittare (dare in affitto)	marr me qira	[mar mɛ cirá]
aiutare (vt)	ndihmoj	[ndihmój]
amare (qn)	dashuroj	[daʃurój]

andare (camminare)	ec në këmbë	[ɛts nə kémbə]
annotare (vt)	mbaj shënim	[mbáj ʃəním]
appartenere (vi)	përkas ...	[pərkás ...]
aprire (vt)	hap	[hap]
arrivare (vi)	arrij	[aríj]
aspettare (vt)	pres	[prɛs]

avere (vt)	kam	[kam]
avere fame	kam uri	[kam urí]
avere fretta	nxitoj	[ndzitój]

avere paura	kam frikë	[kam fríkə]
avere sete	kam etje	[kam étjɛ]
avvertire (vt)	paralajmëroj	[paralajmərój]
cacciare (vt)	dal për gjah	[dál pər ɟáh]
cadere (vi)	bie	[bíɛ]
cambiare (vt)	ndryshoj	[ndryʃój]
capire (vt)	kuptoj	[kuptój]

cenare (vi)	ha darkë	[ha dárkə]
cercare (vt)	kërkoj ...	[kərkój ...]
cessare (vt)	ndaloj	[ndalój]
chiedere (~ aiuto)	thërras	[θərás]

chiedere (domandare)	pyes	[pýɛs]
cominciare (vi)	filloj	[fiɫój]
comparare (vt)	krahasoj	[krahasój]
confondere (vt)	ngatërroj	[ŋatərój]
conoscere (qn)	njoh	[ɲóh]

conservare (vt)	mbaj	[mbáj]
consigliare (vt)	këshilloj	[kəʃiɫój]
contare (calcolare)	numëroj	[numərój]
contare su ...	mbështetem ...	[mbəʃtétɛm ...]
continuare (vt)	vazhdoj	[vaʒdój]

controllare (vt)	kontrolloj	[kontroɫój]
correre (vi)	vrapoj	[vrapój]
costare (vt)	kushton	[kuʃtón]
creare (vt)	krijoj	[krijój]
cucinare (vi)	gatuaj	[gatúaj]

11. I verbi più importanti. Parte 2

dare (vt)	jap	[jap]
dare un suggerimento	aludoj	[aludój]
decorare (adornare)	zbukuroj	[zbukurój]
difendere (~ un paese)	mbroj	[mbrój]
dimenticare (vt)	harroj	[harój]

dire (~ la verità)	them	[θɛm]
dirigere (compagnia, ecc.)	drejtoj	[drɛjtój]
discutere (vt)	diskutoj	[diskutój]
domandare (vt)	pyes	[pýɛs]
dubitare (vi)	dyshoj	[dyʃój]

entrare (vi)	hyj	[hyj]
esigere (vt)	kërkoj	[kərkój]
esistere (vi)	ekzistoj	[ɛkzistój]

essere (vi)	jam	[jam]
essere d'accordo	bie dakord	[bíɛ dakórd]
fare (vt)	bëj	[bəj]
fare colazione	ha mëngjes	[ha məɲɟés]

fare il bagno	notoj	[notój]
fermarsi (vr)	ndaloj	[ndalój]
fidarsi (vr)	besoj	[bɛsój]
finire (vt)	përfundoj	[pərfundój]
firmare (~ un documento)	nënshkruaj	[nənʃkrúaj]

giocare (vi)	luaj	[lúaj]
girare (~ a destra)	kthej	[kθɛj]

gridare (vi)	bërtas	[bərtás]
indovinare (vt)	hamendësoj	[hamɛndəsój]
informare (vt)	informoj	[informój]
ingannare (vt)	mashtroj	[maʃtrój]
insistere (vi)	këmbëngul	[kəmbəŋúl]
insultare (vt)	fyej	[fýɛj]
interessarsi di ...	interesohem ...	[intɛrɛsóhɛm ...]
invitare (vt)	ftoj	[ftoj]
lamentarsi (vr)	ankohem	[ankóhɛm]
lasciar cadere	lëshoj	[ləʃój]
lavorare (vi)	punoj	[punój]
leggere (vi, vt)	lexoj	[lɛdzój]
liberare (vt)	çliroj	[tʃlirój]

12. I verbi più importanti. Parte 3

mancare le lezioni	humbas	[humbás]
mandare (vt)	dërgoj	[dərgój]
menzionare (vt)	përmend	[pərménd]
minacciare (vt)	kërcënoj	[kərtsənój]
mostrare (vt)	tregoj	[trɛgój]
nascondere (vt)	fsheh	[fʃéh]
nuotare (vi)	notoj	[notój]
obiettare (vt)	kundërshtoj	[kundərʃtój]
occorrere (vimp)	nevojitet	[nɛvojítɛt]
ordinare (~ il pranzo)	porosis	[porosís]
ordinare (mil.)	urdhëroj	[urðərój]
osservare (vt)	vëzhgoj	[vəʒgój]
pagare (vi, vt)	paguaj	[pagúaj]
parlare (vi, vt)	flas	[flas]
partecipare (vi)	marr pjesë	[mar pjésə]
pensare (vi, vt)	mendoj	[mɛndój]
perdonare (vt)	fal	[fal]
permettere (vt)	lejoj	[lɛjój]
piacere (vi)	pëlqej	[pəlcéj]
piangere (vi)	qaj	[caj]
pianificare (vt)	planifikoj	[planifikój]
possedere (vt)	zotëroj	[zotərój]
potere (v aus)	mund	[mund]
pranzare (vi)	ha drekë	[ha drékə]
preferire (vt)	preferoj	[prɛfɛrój]
pregare (vi, vt)	lutem	[lútɛm]
prendere (vt)	marr	[mar]
prevedere (vt)	parashikoj	[paraʃikój]
promettere (vt)	premtoj	[prɛmtój]
pronunciare (vt)	shqiptoj	[ʃciptój]
proporre (vt)	propozoj	[propozój]

punire (vt)	ndëshkoj	[ndəʃkój]
raccomandare (vt)	rekomandoj	[rɛkomandój]
ridere (vi)	qesh	[cɛʃ]
rifiutarsi (vr)	refuzoj	[rɛfuzój]
rincrescere (vi)	pendohem	[pɛndóhɛm]
ripetere (ridire)	përsëris	[pərsərís]
riservare (vt)	rezervoj	[rɛzɛrvój]
rispondere (vi, vt)	përgjigjem	[pərɟíɟɛm]
rompere (spaccare)	ndahem	[ndáhɛm]
rubare (~ i soldi)	vjedh	[vjɛð]

13. I verbi più importanti. Parte 4

salvare (~ la vita a qn)	shpëtoj	[ʃpətój]
sapere (vt)	di	[di]
sbagliare (vi)	gaboj	[gabój]
scavare (vt)	gërmoj	[gərmój]
scegliere (vt)	zgjedh	[zɟɛð]
scendere (vi)	zbres	[zbrɛs]
scherzare (vi)	bëj shaka	[bəj ʃaká]
scrivere (vt)	shkruaj	[ʃkrúaj]
scusare (vt)	fal	[fal]
scusarsi (vr)	kërkoj falje	[kərkój fáljɛ]
sedersi (vr)	ulem	[úlɛm]
seguire (vt)	ndjek ...	[ndjék ...]
sgridare (vt)	qortoj	[cortój]
significare (vt)	nënkuptoj	[nənkuptój]
sorridere (vi)	buzëqesh	[buzəcéʃ]
sottovalutare (vt)	nënvlerësoj	[nənvlɛrəsój]
sparare (vi)	qëlloj	[cəɫój]
sperare (vi, vt)	shpresoj	[ʃprɛsój]
spiegare (vt)	shpjegoj	[ʃpjɛgój]
studiare (vt)	studioj	[studiój]
stupirsi (vr)	çuditem	[tʃudítɛm]
tacere (vi)	hesht	[hɛʃt]
tentare (vt)	përpiqem	[pərpícɛm]
toccare (~ con le mani)	prek	[prɛk]
tradurre (vt)	përkthej	[pərkθéj]
trovare (vt)	gjej	[ɟéj]
uccidere (vt)	vras	[vras]
udire (percepire suoni)	dëgjoj	[dəɟój]
unire (vt)	bashkoj	[baʃkój]
uscire (vi)	dal	[dal]
vantarsi (vr)	mburrem	[mbúrɛm]
vedere (vt)	shikoj	[ʃikój]
vendere (vt)	shes	[ʃɛs]
volare (vi)	fluturoj	[fluturój]
volere (desiderare)	dëshiroj	[dəʃirój]

14. Colori

colore (m)	ngjyrë (f)	[ŋjýrə]
sfumatura (f)	nuancë (f)	[nuántsə]
tono (m)	tonalitet (m)	[tonalitét]
arcobaleno (m)	ylber (m)	[ylbér]
bianco (agg)	e bardhë	[ɛ bárðə]
nero (agg)	e zezë	[ɛ zézə]
grigio (agg)	gri	[gri]
verde (agg)	jeshile	[jɛʃílɛ]
giallo (agg)	e verdhë	[ɛ vérðə]
rosso (agg)	e kuqe	[ɛ kúcɛ]
blu (agg)	blu	[blu]
azzurro (agg)	bojëqielli	[bojəciéti]
rosa (agg)	rozë	[rózə]
arancione (agg)	portokalli	[portokáti]
violetto (agg)	bojëvjollcë	[bojəvjóttsə]
marrone (agg)	kafe	[káfɛ]
d'oro (agg)	e artë	[ɛ ártə]
argenteo (agg)	e argjendtë	[ɛ arɟéndtə]
beige (agg)	bezhë	[béʒə]
color crema (agg)	krem	[krɛm]
turchese (agg)	e bruztë	[ɛ brúztə]
rosso ciliegia (agg)	qershi	[cɛrʃí]
lilla (agg)	jargavan	[jargaván]
rosso lampone (agg)	e kuqe e thellë	[ɛ kúcɛ ɛ θéɫə]
chiaro (agg)	e hapur	[ɛ hápur]
scuro (agg)	e errët	[ɛ érət]
vivo, vivido (agg)	e ndritshme	[ɛ ndrítʃmɛ]
colorato (agg)	e ngjyrosur	[ɛ ŋjyrósur]
a colori	ngjyrë	[ŋjýrə]
bianco e nero (agg)	bardhë e zi	[bárðə ɛ zi]
in tinta unita	njëngjyrëshe	[nəŋjýrəʃɛ]
multicolore (agg)	shumëngjyrëshe	[ʃumənjýrəʃɛ]

15. Domande

Chi?	Kush?	[kuʃ?]
Che cosa?	Çka?	[tʃká?]
Dove? (in che luogo?)	Ku?	[ku?]
Dove? (~ vai?)	Për ku?	[pər ku?]
Di dove?, Da dove?	Nga ku?	[ŋa ku?]
Quando?	Kur?	[kur?]
Perché? (per quale scopo?)	Pse?	[psɛ?]
Perché? (per quale ragione?)	Pse?	[psɛ?]
Per che cosa?	Për çfarë arsye?	[pər tʃfárə arsýɛ?]

Come?	Si?	[si?]
Che? (~ colore è?)	Çfarë?	[tʃfárə?]
Quale?	Cili?	[tsíli?]

A chi?	Kujt?	[kújt?]
Di chi?	Për kë?	[pər kə?]
Di che cosa?	Për çfarë?	[pər tʃfárə?]
Con chi?	Me kë?	[mɛ kə?]

| Quanti?, Quanto? | Sa? | [sa?] |
| Di chi? | Të kujt? | [tə kujt?] |

16. Preposizioni

con (të ~ il latte)	me	[mɛ]
senza	pa	[pa]
a (andare ~ ...)	për në	[pər nə]
di (parlare ~ ...)	për	[pər]
prima di ...	përpara	[pərpára]
di fronte a ...	para ...	[pára ...]

sotto (avv)	nën	[nən]
sopra (al di ~)	mbi	[mbí]
su (sul tavolo, ecc.)	mbi	[mbí]
da, di (via da ..., fuori di ...)	nga	[ŋa]
di (fatto ~ cartone)	nga	[ŋa]

| fra (~ dieci minuti) | për | [pər] |
| attraverso (dall'altra parte) | sipër | [sípər] |

17. Parole grammaticali. Avverbi. Parte 1

Dove?	Ku?	[ku?]
qui (in questo luogo)	këtu	[kətú]
lì (in quel luogo)	atje	[atjé]

| da qualche parte (essere ~) | diku | [dikú] |
| da nessuna parte | askund | [askúnd] |

| vicino a ... | afër | [áfər] |
| vicino alla finestra | tek dritarja | [tɛk dritárja] |

Dove?	Për ku?	[pər ku?]
qui (vieni ~)	këtu	[kətú]
ci (~ vado stasera)	atje	[atjé]
da qui	nga këtu	[ŋa kətú]
da lì	nga atje	[ŋa atjɛ]

vicino, accanto (avv)	pranë	[pránə]
lontano (avv)	larg	[larg]
vicino (~ a Parigi)	afër	[áfər]
vicino (qui ~)	pranë	[pránə]

non lontano	jo larg	[jo lárg]
sinistro (agg)	majtë	[májtə]
a sinistra (rimanere ~)	majtas	[májtas]
a sinistra (girare ~)	në të majtë	[nə tə májtə]
destro (agg)	djathtë	[djáθtə]
a destra (rimanere ~)	djathtas	[djáθtas]
a destra (girare ~)	në të djathtë	[nə tə djáθtə]
davanti	përballë	[pərbáɫə]
anteriore (agg)	i përparmë	[i pərpármə]
avanti	përpara	[pərpára]
dietro (avv)	prapa	[prápa]
da dietro	nga prapa	[ŋa prápa]
indietro	pas	[pas]
mezzo (m), centro (m)	mes (m)	[mɛs]
in mezzo, al centro	në mes	[nə mɛs]
di fianco	në anë	[nə anə]
dappertutto	kudo	[kúdo]
attorno	përreth	[pəréθ]
da dentro	nga brenda	[ŋa brénda]
da qualche parte (andare ~)	diku	[dikú]
dritto (direttamente)	drejt	[dréjt]
indietro	pas	[pas]
da qualsiasi parte	nga kudo	[ŋa kúdo]
da qualche posto (veniamo ~)	nga diku	[ŋa dikú]
in primo luogo	së pari	[sə pári]
in secondo luogo	së dyti	[sə dýti]
in terzo luogo	së treti	[sə tréti]
all'improvviso	befas	[béfas]
all'inizio	në fillim	[nə fiɫím]
per la prima volta	për herë të parë	[pər hérə tə párə]
molto tempo prima di...	shumë përpara ...	[ʃúmə pərpára ...]
di nuovo	sërish	[səríʃ]
per sempre	një herë e mirë	[ɲə hérə ɛ mírə]
mai	kurrë	[kúrə]
ancora	përsëri	[pərsərí]
adesso	tani	[táni]
spesso (avv)	shpesh	[ʃpɛʃ]
allora	atëherë	[atəhérə]
urgentemente	urgjent	[urɟént]
di solito	zakonisht	[zakoníʃt]
a proposito, ...	meqë ra fjala, ...	[mécə ra fjála, ...]
è possibile	ndoshta	[ndóʃta]
probabilmente	mundësisht	[mundəsíʃt]
forse	mbase	[mbásɛ]

inoltre ...	përveç	[pərvétʃ]
ecco perché ...	ja përse ...	[ja pərsé ...]
nonostante (~ tutto)	pavarësisht se ...	[pavarəsíʃt sɛ ...]
grazie a ...	falë ...	[fálə ...]
che cosa (pron)	çfarë	[tʃfárə]
che (cong)	që	[cə]
qualcosa (qualsiasi cosa)	diçka	[ditʃká]
qualcosa (le serve ~?)	ndonji gjë	[ndoɲí jə]
niente	asgjë	[asɟé]
chi (pron)	kush	[kuʃ]
qualcuno (annuire a ~)	dikush	[dikúʃ]
qualcuno (dipendere da ~)	dikush	[dikúʃ]
nessuno	askush	[askúʃ]
da nessuna parte	askund	[askúnd]
di nessuno	i askujt	[i askújt]
di qualcuno	i dikujt	[i dikújt]
così (era ~ arrabbiato)	aq	[ác]
anche (penso ~ a ...)	gjithashtu	[ɟiθaʃtú]
anche, pure	gjithashtu	[ɟiθaʃtú]

18. Parole grammaticali. Avverbi. Parte 2

Perché?	Pse?	[psɛ?]
per qualche ragione	për një arsye	[pər ɲə arsýɛ]
perché ...	sepse ...	[sɛpsé ...]
per qualche motivo	për ndonjë shkak	[pər ndóɲə ʃkak]
e (cong)	dhe	[ðɛ]
o (sì ~ no?)	ose	[ósɛ]
ma (però)	por	[por]
per (~ me)	për	[pər]
troppo	tepër	[tépər]
solo (avv)	vetëm	[vétəm]
esattamente	pikërisht	[pikəríʃt]
circa (~ 10 dollari)	rreth	[rɛθ]
approssimativamente	përafërsisht	[pərafərsíʃt]
approssimativo (agg)	përafërt	[pəráfərt]
quasi	pothuajse	[poθúajsɛ]
resto	mbetje (f)	[mbétjɛ]
l'altro (~ libro)	tjetri	[tjétri]
altro (differente)	tjetër	[tjétər]
ogni (agg)	çdo	[tʃdo]
qualsiasi (agg)	çfarëdo	[tʃfarədó]
molti	disa	[disá]
molto (avv)	shumë	[ʃúmə]
molta gente	shumë njerëz	[ʃúmə ɲérəz]
tutto, tutti	të gjithë	[tə ɟíθə]

in cambio di ...	në vend të ...	[nə vénd tə ...]
in cambio	në shkëmbim të ...	[nə ʃkəmbím tə ...]
a mano (fatto ~)	me dorë	[mɛ dórə]
poco probabile	vështirë se ...	[vəʃtírə sɛ ...]
probabilmente	mundësisht	[mundəsíʃt]
apposta	me qëllim	[mɛ cəłím]
per caso	aksidentalisht	[aksidɛntalíʃt]
molto (avv)	shumë	[ʃúmə]
per esempio	për shembull	[pər ʃémbuł]
fra (~ due)	midis	[midís]
fra (~ più di due)	rreth	[rɛθ]
tanto (quantità)	kaq shumë	[kác ʃúmə]
soprattutto	veçanërisht	[vɛtʃanəríʃt]

Concetti di base. Parte 2

19. Giorni della settimana

lunedì (m)	E hënë (f)	[ɛ hénə]
martedì (m)	E martë (f)	[ɛ mártə]
mercoledì (m)	E mërkurë (f)	[ɛ mərkúrə]
giovedì (m)	E enjte (f)	[ɛ éɲtɛ]
venerdì (m)	E premte (f)	[ɛ prémtɛ]
sabato (m)	E shtunë (f)	[ɛ ʃtúnə]
domenica (f)	E dielë (f)	[ɛ díɛlə]
oggi (avv)	sot	[sot]
domani	nesër	[nésər]
dopodomani	pasnesër	[pasnésər]
ieri (avv)	dje	[djé]
l'altro ieri	pardje	[pardjé]
giorno (m)	ditë (f)	[dítə]
giorno (m) lavorativo	ditë pune (f)	[dítə púnɛ]
giorno (m) festivo	festë kombëtare (f)	[féstə kombətárɛ]
giorno (m) di riposo	ditë pushim (m)	[dítə puʃím]
fine (m) settimana	fundjavë (f)	[fundjávə]
tutto il giorno	gjithë ditën	[ɟíθə dítən]
l'indomani	ditën pasardhëse	[dítən pasárðəsɛ]
due giorni fa	dy ditë më parë	[dy dítə mə párə]
il giorno prima	një ditë më parë	[nə dítə mə párə]
quotidiano (agg)	ditor	[ditór]
ogni giorno	çdo ditë	[tʃdo dítə]
settimana (f)	javë (f)	[jávə]
la settimana scorsa	javën e kaluar	[jávən ɛ kalúar]
la settimana prossima	javën e ardhshme	[jávən ɛ árðʃmɛ]
settimanale (agg)	javor	[javór]
ogni settimana	çdo javë	[tʃdo jávə]
due volte alla settimana	dy herë në javë	[dy hérɛ nə jávə]
ogni martedì	çdo të martë	[tʃdo tə mártə]

20. Ore. Giorno e notte

mattina (f)	mëngjes (m)	[mənɟés]
di mattina	në mëngjes	[nə mənɟés]
mezzogiorno (m)	mesditë (f)	[mɛsdítə]
nel pomeriggio	pasdite	[pasdítɛ]
sera (f)	mbrëmje (f)	[mbrémjɛ]
di sera	në mbrëmje	[nə mbrémjɛ]

notte (f)	natë (f)	[nátə]
di notte	natën	[nátən]
mezzanotte (f)	mesnatë (f)	[mɛsnátə]
secondo (m)	sekondë (f)	[sɛkóndə]
minuto (m)	minutë (f)	[minútə]
ora (f)	orë (f)	[órə]
mezzora (f)	gjysmë ore (f)	[ɟýsmə órɛ]
un quarto d'ora	çerek ore (m)	[tʃɛrék órɛ]
quindici minuti	pesëmbëdhjetë minuta	[pɛsəmbəðjétə minúta]
ventiquattro ore	24 orë	[ɲəzét ɛ kátər órə]
levata (f) del sole	agim (m)	[agím]
alba (f)	agim (m)	[agím]
mattutino (m)	mëngjes herët (m)	[mənɟés hérət]
tramonto (m)	perëndim dielli (m)	[pɛrəndím diéɫi]
di buon mattino	herët në mëngjes	[hérət nə mənɟés]
stamattina	sot në mëngjes	[sot nə mənɟés]
domattina	nesër në mëngjes	[nésər nə mənɟés]
oggi pomeriggio	sot pasdite	[sot pasdítɛ]
nel pomeriggio	pasdite	[pasdítɛ]
domani pomeriggio	nesër pasdite	[nésər pasdítɛ]
stasera	sonte në mbrëmje	[sóntɛ nə mbrəmjɛ]
domani sera	nesër në mbrëmje	[nésər nə mbrémjɛ]
alle tre precise	në orën 3 fiks	[nə órən trɛ fiks]
verso le quattro	rreth orës 4	[rɛθ órəs kátər]
per le dodici	deri në orën 12	[déri nə órən dymbəðjétə]
fra venti minuti	për 20 minuta	[pər ɲəzét minúta]
fra un'ora	për një orë	[pər ɲə órə]
puntualmente	në orar	[nə orár]
un quarto di ...	çerek ...	[tʃɛrék ...]
entro un'ora	brenda një ore	[brénda ɲə órɛ]
ogni quindici minuti	çdo 15 minuta	[tʃdo pɛsəmbəðjétə minúta]
giorno e notte	gjithë ditën	[ɟíθə dítən]

21. Mesi. Stagioni

gennaio (m)	**Janar** (m)	[janár]
febbraio (m)	**Shkurt** (m)	[ʃkurt]
marzo (m)	**Mars** (m)	[mars]
aprile (m)	**Prill** (m)	[priɫ]
maggio (m)	**Maj** (m)	[maj]
giugno (m)	**Qershor** (m)	[cɛrʃór]
luglio (m)	**Korrik** (m)	[korík]
agosto (m)	**Gusht** (m)	[guʃt]
settembre (m)	**Shtator** (m)	[ʃtatór]
ottobre (m)	**Tetor** (m)	[tɛtór]

novembre (m)	Nëntor (m)	[nəntór]
dicembre (m)	Dhjetor (m)	[ðjɛtór]

primavera (f)	pranverë (f)	[pranvérə]
in primavera	në pranverë	[nə pranvérə]
primaverile (agg)	pranveror	[pranvɛrór]

estate (f)	verë (f)	[vérə]
in estate	në verë	[nə vérə]
estivo (agg)	veror	[vɛrór]

autunno (m)	vjeshtë (f)	[vjéʃtə]
in autunno	në vjeshtë	[nə vjéʃtə]
autunnale (agg)	vjeshtor	[vjéʃtor]

inverno (m)	dimër (m)	[dímər]
in inverno	në dimër	[nə dímər]
invernale (agg)	dimëror	[dimərór]

mese (m)	muaj (m)	[múaj]
questo mese	këtë muaj	[kətə múaj]
il mese prossimo	muajin tjetër	[múajin tjétər]
il mese scorso	muajin e kaluar	[múajin ɛ kalúar]

un mese fa	para një muaji	[pára ɲə múaji]
fra un mese	pas një muaji	[pas ɲə múaji]
fra due mesi	pas dy muajsh	[pas dy múajʃ]
un mese intero	gjithë muajin	[ɟíθə múajin]
per tutto il mese	gjatë gjithë muajit	[ɟátə ɟíθə múajit]

mensile (rivista ~)	mujor	[mujór]
mensilmente	mujor	[mujór]
ogni mese	çdo muaj	[tʃdo múaj]
due volte al mese	dy herë në muaj	[dy hérə nə múaj]

anno (m)	vit (m)	[vit]
quest'anno	këtë vit	[kətə vít]
l'anno prossimo	vitin tjetër	[vítin tjétər]
l'anno scorso	vitin e kaluar	[vítin ɛ kalúar]

un anno fa	para një viti	[pára ɲə víti]
fra un anno	për një vit	[pər ɲə vit]
fra due anni	për dy vite	[pər dy vítɛ]
un anno intero	gjithë vitin	[ɟíθə vítin]
per tutto l'anno	gjatë gjithë vitit	[ɟátə ɟíθə vítit]

ogni anno	çdo vit	[tʃdo vít]
annuale (agg)	vjetor	[vjɛtór]
annualmente	çdo vit	[tʃdo vít]
quattro volte all'anno	4 herë në vit	[kátər hérə nə vit]

data (f) (~ di oggi)	datë (f)	[dátə]
data (f) (~ di nascita)	data (f)	[dáta]
calendario (m)	kalendar (m)	[kalɛndár]
mezz'anno (m)	gjysmë viti	[ɟýsmə víti]
semestre (m)	gjashtë muaj	[ɟáʃtə múaj]

stagione (f) (estate, ecc.)	stinë (f)	[stínə]
secolo (m)	shekull (m)	[ʃékuɫ]

22. Unità di misura

peso (m)	peshë (f)	[péʃə]
lunghezza (f)	gjatësi (f)	[ɟatəsí]
larghezza (f)	gjerësi (f)	[ɟɛrəsí]
altezza (f)	lartësi (f)	[lartəsí]
profondità (f)	thellësi (f)	[θɛɫəsí]
volume (m)	vëllim (m)	[vəɫím]
area (f)	sipërfaqe (f)	[sipərfácɛ]
grammo (m)	gram (m)	[gram]
milligrammo (m)	miligram (m)	[miligrám]
chilogrammo (m)	kilogram (m)	[kilográm]
tonnellata (f)	ton (m)	[ton]
libbra (f)	paund (m)	[páund]
oncia (f)	ons (m)	[ons]
metro (m)	metër (m)	[métər]
millimetro (m)	milimetër (m)	[milimétər]
centimetro (m)	centimetër (m)	[tsɛntimétər]
chilometro (m)	kilometër (m)	[kilométər]
miglio (m)	milje (f)	[míljɛ]
pollice (m)	inç (m)	[intʃ]
piede (f)	këmbë (f)	[kémbə]
iarda (f)	jard (m)	[járd]
metro (m) quadro	metër katror (m)	[métər katrór]
ettaro (m)	hektar (m)	[hɛktár]
litro (m)	litër (m)	[lítər]
grado (m)	gradë (f)	[grádə]
volt (m)	volt (m)	[volt]
ampere (m)	amper (m)	[ampér]
cavallo vapore (m)	kuaj-fuqi (f)	[kúaj-fucí]
quantità (f)	sasi (f)	[sasí]
un po' di …	pak …	[pak …]
metà (f)	gjysmë (f)	[ɟýsmə]
dozzina (f)	dyzinë (f)	[dyzínə]
pezzo (m)	copë (f)	[tsópə]
dimensione (f)	madhësi (f)	[maðəsí]
scala (f) (modello in ~)	shkallë (f)	[ʃkáɫə]
minimo (agg)	minimale	[minimálɛ]
minore (agg)	më i vogli	[mə i vógli]
medio (agg)	i mesëm	[i mésəm]
massimo (agg)	maksimale	[maksimálɛ]
maggiore (agg)	më i madhi	[mə i máði]

23. Contenitori

Italiano	Albanese	Pronuncia
barattolo (m) di vetro	kavanoz (m)	[kavanóz]
latta, lattina (f)	kanoçe (f)	[kanótʃɛ]
secchio (m)	kovë (f)	[kóvə]
barile (m), botte (f)	fuçi (f)	[futʃí]
catino (m)	legen (m)	[lɛgén]
serbatoio (m) (per liquidi)	tank (m)	[tank]
fiaschetta (f)	faqore (f)	[facórɛ]
tanica (f)	bidon (m)	[bidón]
cisterna (f)	cisternë (f)	[tsistérnə]
tazza (f)	tas (m)	[tas]
tazzina (f) (~ di caffé)	filxhan (m)	[fildʒán]
piattino (m)	pjatë filxhani (f)	[pjátə fildʒáni]
bicchiere (m) (senza stelo)	gotë (f)	[gótə]
calice (m)	gotë vere (f)	[gótə vérɛ]
casseruola (f)	tenxhere (f)	[tɛndʒérɛ]
bottiglia (f)	shishe (f)	[ʃíʃɛ]
collo (m) (~ della bottiglia)	grykë	[grýkə]
caraffa (f)	brokë (f)	[brókə]
brocca (f)	shtambë (f)	[ʃtámbə]
recipiente (m)	enë (f)	[énə]
vaso (m) di coccio	enë (f)	[énə]
vaso (m) di fiori	vazo (f)	[vázo]
boccetta (f) (~ di profumo)	shishe (f)	[ʃíʃɛ]
fiala (f)	shishkë (f)	[ʃíʃkə]
tubetto (m)	tubet (f)	[tubét]
sacco (m) (~ di patate)	thes (m)	[θɛs]
sacchetto (m) (~ di plastica)	qese (f)	[césɛ]
pacchetto (m) (~ di sigarette, ecc.)	paketë (f)	[pakétə]
scatola (f) (~ per scarpe)	kuti (f)	[kutí]
cassa (f) (~ di vino, ecc.)	arkë (f)	[árkə]
cesta (f)	shportë (f)	[ʃpórtə]

ESSERE UMANO

Essere umano. Il corpo umano

24. Testa

Italiano	Albanese	Pronuncia
testa (f)	kokë (f)	[kókə]
viso (m)	fytyrë (f)	[fytýrə]
naso (m)	hundë (f)	[húndə]
bocca (f)	gojë (f)	[gójə]
occhio (m)	sy (m)	[sy]
occhi (m pl)	sytë	[sýtə]
pupilla (f)	bebëz (f)	[bébəz]
sopracciglio (m)	vetull (f)	[vétuɫ]
ciglio (m)	qerpik (m)	[cɛrpík]
palpebra (f)	qepallë (f)	[cɛpáɫə]
lingua (f)	gjuhë (f)	[ɉúhə]
dente (m)	dhëmb (m)	[ðəmb]
labbra (f pl)	buzë (f)	[búzə]
zigomi (m pl)	mollëza (f)	[móɫəza]
gengiva (f)	mishrat e dhëmbëve	[míʃrat ɛ ðəmbəvɛ]
palato (m)	qiellzë (f)	[ciéɫzə]
narici (f pl)	vrimat e hundës (pl)	[vrímat ɛ húndəs]
mento (m)	mjekër (f)	[mjékər]
mascella (f)	nofull (f)	[nófuɫ]
guancia (f)	faqe (f)	[fácɛ]
fronte (f)	ball (m)	[baɫ]
tempia (f)	tëmth (m)	[təmθ]
orecchio (m)	vesh (m)	[vɛʃ]
nuca (f)	zverk (m)	[zvɛrk]
collo (m)	qafë (f)	[cáfə]
gola (f)	fyt (m)	[fyt]
capelli (m pl)	flokë (pl)	[flókə]
pettinatura (f)	model flokësh (m)	[modél flókəʃ]
taglio (m)	prerje flokësh (f)	[prérjɛ flókəʃ]
parrucca (f)	paruke (f)	[parúkɛ]
baffi (m pl)	mustaqe (f)	[mustácɛ]
barba (f)	mjekër (f)	[mjékər]
portare (~ la barba, ecc.)	le mjekër	[lə mjékər]
treccia (f)	gërshet (m)	[gərʃét]
basette (f pl)	baseta (f)	[baséta]
rosso (agg)	flokëkuqe	[flokəkúcɛ]
brizzolato (agg)	thinja	[θíɲa]

| calvo (agg) | qeros | [cɛrós] |
| calvizie (f) | tullë (f) | [túɫə] |

| coda (f) di cavallo | bishtalec (m) | [biʃtaléts] |
| frangetta (f) | balluke (f) | [baɫúkɛ] |

25. Corpo umano

| mano (f) | dorë (f) | [dórə] |
| braccio (m) | krah (m) | [krah] |

dito (m)	gisht i dorës (m)	[gíʃt i dórəs]
dito (m) del piede	gisht i këmbës (m)	[gíʃt i kə́mbəs]
pollice (m)	gishti i madh (m)	[gíʃti i máð]
mignolo (m)	gishti i vogël (m)	[gíʃti i vógəl]
unghia (f)	thua (f)	[θúa]

pugno (m)	grusht (m)	[grúʃt]
palmo (m)	pëllëmbë dore (f)	[pəɫə́mbə dórɛ]
polso (m)	kyç (m)	[kytʃ]
avambraccio (m)	parakrah (m)	[parakráh]
gomito (m)	bërryl (m)	[bərýl]
spalla (f)	shpatull (f)	[ʃpátuɫ]

gamba (f)	këmbë (f)	[kə́mbə]
pianta (f) del piede	shputë (f)	[ʃpútə]
ginocchio (m)	gju (m)	[ɟú]
polpaccio (m)	pulpë (f)	[púlpə]
anca (f)	ijë (f)	[íjə]
tallone (m)	thembër (f)	[θémbər]

corpo (m)	trup (m)	[trup]
pancia (f)	stomak (m)	[stomák]
petto (m)	kraharor (m)	[kraharór]
seno (m)	gjoks (m)	[ɟóks]
fianco (m)	krah (m)	[krah]
schiena (f)	kurriz (m)	[kurríz]
zona (f) lombare	fundshpina (f)	[fundʃpína]
vita (f)	beli (m)	[béli]

ombelico (m)	kërthizë (f)	[kərθízə]
natiche (f pl)	vithe (f)	[víθɛ]
sedere (m)	prapanica (f)	[prapanítsa]

neo (m)	nishan (m)	[niʃán]
voglia (f) (~ di fragola)	shenjë lindjeje (f)	[ʃéɲə líndjɛjɛ]
tatuaggio (m)	tatuazh (m)	[tatuáʒ]
cicatrice (f)	shenjë (f)	[ʃéɲə]

Abbigliamento e Accessori

26. Indumenti. Soprabiti

vestiti (m pl)	rroba (f)	[róba]
soprabito (m)	veshje e sipërme (f)	[véʃjɛ ɛ sípərmɛ]
abiti (m pl) invernali	veshje dimri (f)	[véʃjɛ dímri]
cappotto (m)	pallto (f)	[páɬto]
pelliccia (f)	gëzof (m)	[gəzóf]
pellicciotto (m)	xhaketë lëkure (f)	[dʒakétə ləkúrɛ]
piumino (m)	xhup (m)	[dʒup]
giubbotto (m), giaccha (f)	xhaketë (f)	[dʒakétə]
impermeabile (m)	pardesy (f)	[pardɛsý]
impermeabile (agg)	kundër shiut	[kúndər ʃiut]

27. Men's & women's clothing

camicia (f)	këmishë (f)	[kəmíʃə]
pantaloni (m pl)	pantallona (f)	[pantaɬóna]
jeans (m pl)	xhinse (f)	[dʒínsɛ]
giacca (f) (~ di tweed)	xhaketë kostumi (f)	[dʒakétə kostúmi]
abito (m) da uomo	kostum (m)	[kostúm]
abito (m)	fustan (m)	[fustán]
gonna (f)	fund (m)	[fund]
camicetta (f)	bluzë (f)	[blúzə]
giacca (f) a maglia	xhaketë me thurje (f)	[dʒakétə mɛ θúrjɛ]
giacca (f) tailleur	xhaketë femrash (f)	[dʒakétə fémraʃ]
maglietta (f)	bluzë (f)	[blúzə]
pantaloni (m pl) corti	pantallona të shkurtra (f)	[pantaɬóna tə ʃkúrtra]
tuta (f) sportiva	tuta sportive (f)	[túta sportívɛ]
accappatoio (m)	peshqir trupi (m)	[pɛʃcír trúpi]
pigiama (m)	pizhame (f)	[piʒámɛ]
maglione (m)	triko (f)	[tríko]
pullover (m)	pulovër (m)	[pulóvər]
gilè (m)	jelek (f)	[jɛlék]
frac (m)	frak (m)	[frak]
smoking (m)	smoking (m)	[smokíŋ]
uniforme (f)	uniformë (f)	[unifórmə]
tuta (f) da lavoro	rroba pune (f)	[róba púnɛ]
salopette (f)	kominoshe (f)	[kominóʃɛ]
camice (m) (~ del dottore)	uniformë (f)	[unifórmə]

28. Abbigliamento. Biancheria intima

biancheria (f) intima	të brendshme (f)	[tə bréndʃmɛ]
boxer (m pl)	boksera (f)	[bokséra]
mutandina (f)	brekë (f)	[brékə]
maglietta (f) intima	fanellë (f)	[fanétə]
calzini (m pl)	çorape (pl)	[tʃorápɛ]

camicia (f) da notte	këmishë nate (f)	[kəmíʃə nátɛ]
reggiseno (m)	sytjena (f)	[sytjéna]
calzini (m pl) alti	çorape déri tek gjuri (pl)	[tʃorápɛ déri ték ɟúri]
collant (m)	geta (f)	[géta]
calze (f pl)	çorape të holla (pl)	[tʃorápɛ tə hóɫa]
costume (m) da bagno	rrobë banje (f)	[róbə báɲɛ]

29. Copricapo

cappello (m)	kapelë (f)	[kapélə]
cappello (m) di feltro	kapelë republike (f)	[kapélə rɛpublíkɛ]
cappello (m) da baseball	kapelë bejsbolli (f)	[kapélə bɛjsbóɫi]
coppola (f)	kapelë e sheshtë (f)	[kapélə ɛ ʃéʃtə]

basco (m)	beretë (f)	[bɛrétə]
cappuccio (m)	kapuç (m)	[kapútʃ]
panama (m)	kapelë panama (f)	[kapélə panamá]
berretto (m) a maglia	kapuç leshi (m)	[kapútʃ léʃi]

fazzoletto (m) da capo	shami (f)	[ʃamí]
cappellino (m) donna	kapelë femrash (f)	[kapélə fémraʃ]

casco (m) (~ di sicurezza)	helmetë (f)	[hɛlmétə]
bustina (f)	kapelë ushtrie (f)	[kapélə uʃtríɛ]
casco (m) (~ moto)	helmetë (f)	[hɛlmétə]

bombetta (f)	kapelë derby (f)	[kapélə dérby]
cilindro (m)	kapelë cilindër (f)	[kapélə tsilíndər]

30. Calzature

calzature (f pl)	këpucë (pl)	[kəpútsə]
stivaletti (m pl)	këpucë burrash (pl)	[kəpútsə búraʃ]
scarpe (f pl)	këpucë grash (pl)	[kəpútsə gráʃ]
stivali (m pl)	çizme (pl)	[tʃízmɛ]
pantofole (f pl)	pantofla (pl)	[pantófla]

scarpe (f pl) da tennis	atlete tenisi (pl)	[atlétɛ tɛnísi]
scarpe (f pl) da ginnastica	atlete (pl)	[atlétɛ]
sandali (m pl)	sandale (pl)	[sandálɛ]

calzolaio (m)	këpucëtar (m)	[kəputsətár]
tacco (m)	takë (f)	[tákə]

paio (m)	palë (f)	[pálə]
laccio (m)	lidhëse këpucësh (f)	[líðəsɛ kəpútsəʃ]
allacciare (vt)	lidh këpucët	[lið kəpútsət]
calzascarpe (m)	lugë këpucësh (f)	[lúgə kəpútsəʃ]
lucido (m) per le scarpe	bojë këpucësh (f)	[bójə kəpútsəʃ]

31. Accessori personali

guanti (m pl)	dorëza (pl)	[dórəza]
manopole (f pl)	doreza (f)	[doréza]
sciarpa (f)	shall (m)	[ʃaɫ]

occhiali (m pl)	syze (f)	[sýzɛ]
montatura (f)	skelet syzesh (m)	[skɛlét sýzɛʃ]
ombrello (m)	çadër (f)	[tʃádər]
bastone (m)	bastun (m)	[bastún]
spazzola (f) per capelli	furçë flokësh (f)	[fúrtʃə flókəʃ]
ventaglio (m)	erashkë (f)	[ɛráʃkə]

cravatta (f)	kravatë (f)	[kravátə]
cravatta (f) a farfalla	papion (m)	[papión]
bretelle (f pl)	aski (pl)	[askí]
fazzoletto (m)	shami (f)	[ʃamí]

pettine (m)	krehër (m)	[kréhər]
fermaglio (m)	kapëse flokësh (f)	[kápəsɛ flókəʃ]
forcina (f)	karficë (f)	[karfítsə]
fibbia (f)	tokëz (f)	[tókəz]

cintura (f)	rrip (m)	[rip]
spallina (f)	rrip supi (m)	[rip súpi]

borsa (f)	çantë dore (f)	[tʃántə dórɛ]
borsetta (f)	çantë (f)	[tʃántə]
zaino (m)	çantë shpine (f)	[tʃántə ʃpínɛ]

32. Abbigliamento. Varie

moda (f)	modë (f)	[módə]
di moda	në modë	[nə módə]
stilista (m)	stilist (m)	[stilíst]

collo (m)	jakë (f)	[jákə]
tasca (f)	xhep (m)	[dʒɛp]
tascabile (agg)	i xhepit	[i dʒépit]
manica (f)	mëngë (f)	[méŋə]
asola (f) per appendere	hallkë për varje (f)	[háɫkə pər várjɛ]
patta (f) (~ dei pantaloni)	zinxhir (f)	[zindʒír]

cerniera (f) lampo	zinxhir (m)	[zindʒír]
chiusura (f)	kapëse (f)	[kápəsɛ]
bottone (m)	kopsë (f)	[kópsə]

occhiello (m)	vrimë kopse (f)	[vrímə kópsɛ]
staccarsi (un bottone)	këputet	[kəpútɛt]
cucire (vi, vt)	qep	[cɛp]
ricamare (vi, vt)	qëndis	[cəndís]
ricamo (m)	qëndisje (f)	[cəndísjɛ]
ago (m)	gjilpërë për qepje (f)	[ɟilpə́rə pər cépjɛ]
filo (m)	pe (m)	[pɛ]
cucitura (f)	tegel (m)	[tɛgél]
sporcarsi (vr)	bëhem pis	[béhɛm pis]
macchia (f)	njollë (f)	[ɲótə]
sgualcirsi (vr)	zhubros	[ʒubrós]
strappare (vt)	gris	[gris]
tarma (f)	molë rrobash (f)	[mólə róbaʃ]

33. Cura della persona. Cosmetici

dentifricio (m)	pastë dhëmbësh (f)	[pástə ðə́mbəʃ]
spazzolino (m) da denti	furçë dhëmbësh (f)	[fúrtʃə ðə́mbəʃ]
lavarsi i denti	laj dhëmbët	[laj ðə́mbət]
rasoio (m)	brisk (m)	[brísk]
crema (f) da barba	pastë rroje (f)	[pástə rójɛ]
rasarsi (vr)	rruhem	[rúhɛm]
sapone (m)	sapun (m)	[sapún]
shampoo (m)	shampo (f)	[ʃampó]
forbici (f pl)	gërshërë (f)	[gərʃə́rə]
limetta (f)	limë thonjsh (f)	[límə θóɲʃ]
tagliaunghie (m)	prerëse thonjsh (f)	[prérəsɛ θóɲʃ]
pinzette (f pl)	piskatore vetullash (f)	[piskatórɛ vétutaʃ]
cosmetica (f)	kozmetikë (f)	[kozmɛtíkə]
maschera (f) di bellezza	maskë fytyre (f)	[máskə fytýrɛ]
manicure (m)	manikyr (m)	[manikýr]
fare la manicure	bëj manikyr	[bəj manikýr]
pedicure (m)	pedikyr (m)	[pɛdikýr]
borsa (f) del trucco	çantë kozmetike (f)	[tʃántə kozmɛtíkɛ]
cipria (f)	pudër fytyre (f)	[púdər fytýrɛ]
portacipria (m)	pudër kompakte (f)	[púdər kompáktɛ]
fard (m)	ruzh (m)	[ruʒ]
profumo (m)	parfum (m)	[parfúm]
acqua (f) da toeletta	parfum (m)	[parfúm]
lozione (f)	krem (m)	[krɛm]
acqua (f) di Colonia	kolonjë (f)	[kolóɲə]
ombretto (m)	rimel (m)	[rimél]
eyeliner (m)	laps për sy (m)	[láps pər sy]
mascara (m)	rimel (m)	[rimél]
rossetto (m)	buzëkuq (m)	[buzəkúc]

Italiano	Albanese	Pronuncia
smalto (m)	llak për thonj (m)	[ɫak pər θóɲ]
lacca (f) per capelli	llak flokësh (m)	[ɫak flókəʃ]
deodorante (m)	deodorant (m)	[dɛodoránt]
crema (f)	krem (m)	[krɛm]
crema (f) per il viso	krem për fytyrë (m)	[krɛm pər fytýrə]
crema (f) per le mani	krem për duar (m)	[krɛm pər dúar]
crema (f) antirughe	krem kundër rrudhave (m)	[krɛm kúndər rúðavɛ]
crema (f) da giorno	krem dite (m)	[krɛm dítɛ]
crema (f) da notte	krem nate (m)	[krɛm nátɛ]
da giorno	dite	[dítɛ]
da notte	nate	[nátɛ]
tampone (m)	tampon (m)	[tampón]
carta (f) igienica	letër higjienike (f)	[létər hiɟiɛníkɛ]
fon (m)	tharëse flokësh (f)	[θárəsɛ flókəʃ]

34. Orologi da polso. Orologio

Italiano	Albanese	Pronuncia
orologio (m) (~ da polso)	orë dore (f)	[órə dórɛ]
quadrante (m)	faqe e orës (f)	[fácɛ ɛ órəs]
lancetta (f)	akrep (m)	[akrép]
braccialetto (m)	rrip metalik ore (m)	[rip mɛtalík órɛ]
cinturino (m)	rrip ore (m)	[rip órɛ]
pila (f)	bateri (f)	[batɛrí]
essere scarico	e shkarkuar	[ɛ ʃkarkúar]
cambiare la pila	ndërroj baterinë	[ndərój batɛrínə]
andare avanti	kalon shpejt	[kalón ʃpéjt]
andare indietro	ngel prapa	[ŋɛl prápa]
orologio (m) da muro	orë muri (f)	[órə múri]
clessidra (f)	orë rëre (f)	[órə rərɛ]
orologio (m) solare	orë diellore (f)	[órə diɛɫórɛ]
sveglia (f)	orë me zile (f)	[órə mɛ zílɛ]
orologiaio (m)	orëndreqës (m)	[orəndrécəs]
riparare (vt)	ndreq	[ndréc]

Cibo. Alimentazione

35. Cibo

carne (f)	mish (m)	[miʃ]
pollo (m)	pulë (f)	[púlə]
pollo (m) novello	mish pule (m)	[miʃ púlɛ]
anatra (f)	rosë (f)	[rósə]
oca (f)	patë (f)	[pátə]
cacciagione (f)	gjah (m)	[ɟáh]
tacchino (m)	mish gjel deti (m)	[miʃ ɟɛl déti]
maiale (m)	mish derri (m)	[miʃ déri]
vitello (m)	mish viçi (m)	[miʃ vítʃi]
agnello (m)	mish qengji (m)	[miʃ cénɟi]
manzo (m)	mish lope (m)	[miʃ lópɛ]
coniglio (m)	mish lepuri (m)	[miʃ lépuri]
salame (m)	salsiçe (f)	[salsítʃɛ]
w?rstel (m)	salsiçe vjeneze (f)	[salsítʃɛ vjɛnézɛ]
pancetta (f)	proshutë (f)	[proʃútə]
prosciutto (m)	sallam (m)	[sałám]
prosciutto (m) affumicato	kofshë derri (f)	[kófʃə déri]
pâté (m)	pate (f)	[paté]
fegato (m)	mëlçi (f)	[məltʃí]
carne (f) trita	hamburger (m)	[hamburgér]
lingua (f)	gjuhë (f)	[ɟúhə]
uovo (m)	ve (f)	[vɛ]
uova (f pl)	vezë (pl)	[vézə]
albume (m)	e bardhë veze (f)	[ɛ bárðə vézɛ]
tuorlo (m)	e verdhë veze (f)	[ɛ vérðə vézɛ]
pesce (m)	peshk (m)	[pɛʃk]
frutti (m pl) di mare	fruta deti (pl)	[frúta déti]
crostacei (m pl)	krustace (pl)	[krustátsɛ]
caviale (m)	havjar (m)	[havjár]
granchio (m)	gaforre (f)	[gafórɛ]
gamberetto (m)	karkalec (m)	[karkaléts]
ostrica (f)	midhje (f)	[míðjɛ]
aragosta (f)	karavidhe (f)	[karavíðɛ]
polpo (m)	oktapod (m)	[oktapód]
calamaro (m)	kallamarë (f)	[kałamárə]
storione (m)	bli (m)	[blí]
salmone (m)	salmon (m)	[salmón]
ippoglosso (m)	shojzë e Atlantikut Verior (f)	[ʃójzə ɛ atlantíkut vɛrióɾ]
merluzzo (m)	merluc (m)	[mɛrlúts]

scombro (m)	skumbri (m)	[skúmbri]
tonno (m)	tunë (f)	[túnə]
anguilla (f)	ngjalë (f)	[ɲjálə]
trota (f)	troftë (f)	[tróftə]
sardina (f)	sardele (f)	[sardélɛ]
luccio (m)	mlysh (m)	[mlýʃ]
aringa (f)	harengë (f)	[haréŋə]
pane (m)	bukë (f)	[búkə]
formaggio (m)	djath (m)	[djáθ]
zucchero (m)	sheqer (m)	[ʃɛcér]
sale (m)	kripë (f)	[krípə]
riso (m)	oriz (m)	[oríz]
pasta (f)	makarona (f)	[makaróna]
tagliatelle (f pl)	makarona petë (f)	[makaróna pétə]
burro (m)	gjalp (m)	[ɟalp]
olio (m) vegetale	vaj vegjetal (m)	[vaj vɛɟɛtál]
olio (m) di girasole	vaj luledielli (m)	[vaj lulɛdiéɬi]
margarina (f)	margarinë (f)	[margarínə]
olive (f pl)	ullinj (pl)	[uɬíɲ]
olio (m) d'oliva	vaj ulliri (m)	[vaj uɬíri]
latte (m)	qumësht (m)	[cúməʃt]
latte (m) condensato	qumësht i kondensuar (m)	[cúməʃt i kondɛnsúar]
yogurt (m)	kos (m)	[kos]
panna (f) acida	salcë kosi (f)	[sáltsə kosi]
panna (f)	krem qumështi (m)	[krɛm cúməʃti]
maionese (m)	majonezë (f)	[majonézə]
crema (f)	krem gjalpi (m)	[krɛm ɟálpi]
cereali (m pl)	drithëra (pl)	[dríθəra]
farina (f)	miell (m)	[míɛɬ]
cibi (m pl) in scatola	konserva (f)	[konsérva]
fiocchi (m pl) di mais	kornfleiks (m)	[kornfléiks]
miele (m)	mjaltë (f)	[mjáltə]
marmellata (f)	reçel (m)	[rɛtʃél]
gomma (f) da masticare	çamçakëz (m)	[tʃamtʃakéz]

36. Bevande

acqua (f)	ujë (m)	[újə]
acqua (f) potabile	ujë i pijshëm (m)	[újə i píjʃəm]
acqua (f) minerale	ujë mineral (m)	[újə minɛrál]
liscia (non gassata)	ujë natyral	[újə natyrál]
gassata (agg)	ujë i karbonuar	[újə i karbonúar]
frizzante (agg)	ujë i gazuar	[újə i gazúar]
ghiaccio (m)	akull (m)	[ákuɬ]

con ghiaccio	me akull	[mɛ ákuɫ]
analcolico (agg)	jo alkoolik	[jo alkoolík]
bevanda (f) analcolica	pije e lehtë (f)	[píjɛ ɛ léhtə]
bibita (f)	pije freskuese (f)	[píjɛ frɛskúɛsɛ]
limonata (f)	limonadë (f)	[limonádə]

bevande (f pl) alcoliche	likere (pl)	[likérɛ]
vino (m)	verë (f)	[vérə]
vino (m) bianco	verë e bardhë (f)	[vérə ɛ bárðə]
vino (m) rosso	verë e kuqe (f)	[vérə ɛ kúcɛ]

liquore (m)	liker (m)	[likér]
champagne (m)	shampanjë (f)	[ʃampáɲə]
vermouth (m)	vermut (m)	[vɛrmút]

whisky	uiski (m)	[víski]
vodka (f)	vodkë (f)	[vódkə]
gin (m)	xhin (m)	[dʒin]
cognac (m)	konjak (m)	[koɲák]
rum (m)	rum (m)	[rum]

caffè (m)	kafe (f)	[káfɛ]
caffè (m) nero	kafe e zezë (f)	[káfɛ ɛ zézə]
caffè latte (m)	kafe me qumësht (m)	[káfɛ mɛ cúməʃt]
cappuccino (m)	kapuçino (m)	[kaputʃíno]
caffè (m) solubile	neskafe (f)	[nɛskáfɛ]

latte (m)	qumësht (m)	[cúməʃt]
cocktail (m)	koktej (m)	[koktéj]
frullato (m)	milkshake (f)	[milkʃákɛ]

succo (m)	lëng frutash (m)	[lən frútaʃ]
succo (m) di pomodoro	lëng domatesh (m)	[lən domátɛʃ]
succo (m) d'arancia	lëng portokalli (m)	[lən portokáɫi]
spremuta (f)	lëng frutash i freskët (m)	[lən frútaʃ i fréskət]

birra (f)	birrë (f)	[bírə]
birra (f) chiara	birrë e lehtë (f)	[bírə ɛ léhtə]
birra (f) scura	birrë e zezë (f)	[bírə ɛ zézə]

tè (m)	çaj (m)	[tʃáj]
tè (m) nero	çaj i zi (m)	[tʃáj i zí]
tè (m) verde	çaj jeshil (m)	[tʃáj jɛʃíl]

37. Verdure

ortaggi (m pl)	perime (pl)	[pɛrímɛ]
verdura (f)	zarzavate (pl)	[zarzavátɛ]

pomodoro (m)	domate (f)	[domátɛ]
cetriolo (m)	kastravec (m)	[kastravéts]
carota (f)	karotë (f)	[karótə]
patata (f)	patate (f)	[patátɛ]
cipolla (f)	qepë (f)	[cépə]

aglio (m)	hudhër (f)	[húðər]
cavolo (m)	lakër (f)	[lákər]
cavolfiore (m)	lulelakër (f)	[lulɛlákər]
cavoletti (m pl) di Bruxelles	lakër Brukseli (f)	[lákər brukséli]
broccolo (m)	brokoli (m)	[brókoli]
barbabietola (f)	panxhar (m)	[pandʒár]
melanzana (f)	patëllxhan (m)	[patəɫdʒán]
zucchina (f)	kungulleshë (m)	[kuŋuɫéʃə]
zucca (f)	kungull (m)	[kúŋuɫ]
rapa (f)	rrepë (f)	[répə]
prezzemolo (m)	majdanoz (m)	[majdanóz]
aneto (m)	kopër (f)	[kópər]
lattuga (f)	sallatë jeshile (f)	[saɫátə jɛʃílɛ]
sedano (m)	selino (f)	[sɛlíno]
asparago (m)	asparagus (m)	[asparágus]
spinaci (m pl)	spinaq (m)	[spinác]
pisello (m)	bizele (f)	[bizélɛ]
fave (f pl)	fasule (f)	[fasúlɛ]
mais (m)	misër (m)	[mísər]
fagiolo (m)	groshë (f)	[gróʃə]
peperone (m)	spec (m)	[spɛts]
ravanello (m)	rrepkë (f)	[répkə]
carciofo (m)	angjinare (f)	[aɲɟinárɛ]

38. Frutta. Noci

frutto (m)	frut (m)	[frut]
mela (f)	mollë (f)	[móɫə]
pera (f)	dardhë (f)	[dárðə]
limone (m)	limon (m)	[limón]
arancia (f)	portokall (m)	[portokáɫ]
fragola (f)	luleshtrydhe (f)	[lulɛʃtrýðɛ]
mandarino (m)	mandarinë (f)	[mandarínə]
prugna (f)	kumbull (f)	[kúmbuɫ]
pesca (f)	pjeshkë (f)	[pjéʃkə]
albicocca (f)	kajsi (f)	[kajsí]
lampone (m)	mjedër (f)	[mjédər]
ananas (m)	ananas (m)	[ananás]
banana (f)	banane (f)	[banánɛ]
anguria (f)	shalqi (m)	[ʃalcí]
uva (f)	rrush (m)	[ruʃ]
amarena (f)	qershi vishnje (f)	[cɛrʃí víʃɲɛ]
ciliegia (f)	qershi (f)	[cɛrʃí]
melone (m)	pjepër (m)	[pjépər]
pompelmo (m)	grejpfrut (m)	[grɛjpfrút]
avocado (m)	avokado (f)	[avokádo]
papaia (f)	papaja (f)	[papája]

mango (m)	mango (f)	[máŋo]
melagrana (f)	shegë (f)	[ʃégə]

ribes (m) rosso	kaliboba e kuqe (f)	[kalibóba ɛ kúcɛ]
ribes (m) nero	kaliboba e zezë (f)	[kalibóba ɛ zézə]
uva (f) spina	kulumbri (f)	[kulumbrí]
mirtillo (m)	boronicë (f)	[boronítsə]
mora (f)	manaferra (f)	[manaféra]

uvetta (f)	rrush i thatë (m)	[ruʃ i θátə]
fico (m)	fik (m)	[fik]
dattero (m)	hurmë (f)	[húrmə]

arachide (f)	kikirik (m)	[kikirík]
mandorla (f)	bajame (f)	[bajámɛ]
noce (f)	arrë (f)	[árə]
nocciola (f)	lajthi (f)	[lajθí]
noce (f) di cocco	arrë kokosi (f)	[árə kokósi]
pistacchi (m pl)	fëstëk (m)	[fəsték]

39. Pane. Dolci

pasticceria (f)	ëmbëlsira (pl)	[əmbəlsíra]
pane (m)	bukë (f)	[búkə]
biscotti (m pl)	biskota (pl)	[biskóta]

cioccolato (m)	çokollatë (f)	[tʃokołátə]
al cioccolato (agg)	prej çokollate	[prɛj tʃokołátɛ]
caramella (f)	karamele (f)	[karamélɛ]
tortina (f)	kek (m)	[kék]
torta (f)	tortë (f)	[tórtə]

crostata (f)	tortë (f)	[tórtə]
ripieno (m)	mbushje (f)	[mbúʃjɛ]

marmellata (f)	reçel (m)	[rɛtʃél]
marmellata (f) di agrumi	marmelatë (f)	[marmɛlátə]
wafer (m)	vafera (pl)	[vaféra]
gelato (m)	akullore (f)	[akułórɛ]
budino (m)	puding (m)	[pudíŋ]

40. Pietanze cucinate

piatto (m) (~ principale)	pjatë (f)	[pjátə]
cucina (f)	kuzhinë (f)	[kuʒínə]
ricetta (f)	recetë (f)	[rɛtsétə]
porzione (f)	racion (m)	[ratsión]

insalata (f)	sallatë (f)	[sałátə]
minestra (f)	supë (f)	[súpə]
brodo (m)	lëng mishi (m)	[ləŋ míʃi]
panino (m)	sandviç (m)	[sandvítʃ]

uova (f pl) al tegamino	vezë të skuqura (pl)	[vézə tə skúcura]
hamburger (m)	hamburger	[hamburgér]
bistecca (f)	biftek (m)	[bifték]
contorno (m)	garniturë (f)	[garnitúrə]
spaghetti (m pl)	shpageti (pl)	[ʃpagéti]
purè (m) di patate	pure patatesh (f)	[puré patátɛʃ]
pizza (f)	pica (f)	[pítsa]
porridge (m)	qull (m)	[cuɫ]
frittata (f)	omëletë (f)	[oməlétə]
bollito (agg)	i zier	[i zíɛr]
affumicato (agg)	i tymosur	[i tymósur]
fritto (agg)	i skuqur	[i skúcur]
secco (agg)	i tharë	[i θárə]
congelato (agg)	i ngrirë	[i ŋrírə]
sottoaceto (agg)	i marinuar	[i marinúar]
dolce (gusto)	i ëmbël	[i émbəl]
salato (agg)	i kripur	[i krípur]
freddo (agg)	i ftohtë	[i ftóhtə]
caldo (agg)	i nxehtë	[i ndzéhtə]
amaro (agg)	i hidhur	[i híður]
buono, gustoso (agg)	i shijshëm	[i ʃíjʃəm]
cuocere, preparare (vt)	ziej	[zíɛj]
cucinare (vi)	gatuaj	[gatúaj]
friggere (vt)	skuq	[skuc]
riscaldare (vt)	ngroh	[ŋróh]
salare (vt)	hedh kripë	[hɛð krípə]
pepare (vt)	hedh piper	[hɛð pipér]
grattugiare (vt)	rendoj	[rɛndój]
buccia (f)	lëkurë (f)	[ləkúrə]
sbucciare (vt)	qëroj	[cərój]

41. Spezie

sale (m)	kripë (f)	[krípə]
salato (agg)	i kripur	[i krípur]
salare (vt)	hedh kripë	[hɛð krípə]
pepe (m) nero	piper i zi (m)	[pipér i zi]
peperoncino (m)	piper i kuq (m)	[pipér i kuc]
senape (f)	mustardë (f)	[mustárdə]
cren (m)	rrepë djegëse (f)	[répə djégəsɛ]
condimento (m)	salcë (f)	[sáltsə]
spezie (f pl)	erëz (f)	[érəz]
salsa (f)	salcë (f)	[sáltsə]
aceto (m)	uthull (f)	[úθuɫ]
anice (m)	anisetë (f)	[anisétə]
basilico (m)	borzilok (m)	[borzilók]

chiodi (m pl) di garofano	karafil (m)	[karafíl]
zenzero (m)	xhenxhefil (m)	[dʒɛndʒɛfíl]
coriandolo (m)	koriandër (m)	[koriándər]
cannella (f)	kanellë (f)	[kanéłə]
sesamo (m)	susam (m)	[susám]
alloro (m)	gjeth dafine (m)	[ɟɛθ dafínɛ]
paprica (f)	spec (m)	[spɛts]
cumino (m)	kumin (m)	[kumín]
zafferano (m)	shafran (m)	[ʃafrán]

42. Pasti

cibo (m)	ushqim (m)	[uʃcím]
mangiare (vi, vt)	ha	[ha]
colazione (f)	mëngjes (m)	[mənɟés]
fare colazione	ha mëngjes	[ha mənɟés]
pranzo (m)	drekë (f)	[drékə]
pranzare (vi)	ha drekë	[ha drékə]
cena (f)	darkë (f)	[dárkə]
cenare (vi)	ha darkë	[ha dárkə]
appetito (m)	oreks (m)	[oréks]
Buon appetito!	Të bëftë mirë!	[tə bəftə mírə!]
aprire (vt)	hap	[hap]
rovesciare (~ il vino, ecc.)	derdh	[dérð]
rovesciarsi (vr)	derdhje	[dérðjɛ]
bollire (vi)	ziej	[zíɛj]
far bollire	ziej	[zíɛj]
bollito (agg)	i zier	[i zíɛr]
raffreddare (vt)	ftoh	[ftoh]
raffreddarsi (vr)	ftohje	[ftóhjɛ]
gusto (m)	shije (f)	[ʃíjɛ]
retrogusto (m)	shije (f)	[ʃíjɛ]
essere a dieta	dobësohem	[dobəsóhɛm]
dieta (f)	dietë (f)	[diétə]
vitamina (f)	vitaminë (f)	[vitamínə]
caloria (f)	kalori (f)	[kalorí]
vegetariano (m)	vegjetarian (m)	[vɛɟɛtarián]
vegetariano (agg)	vegjetarian	[vɛɟɛtarián]
grassi (m pl)	yndyrë (f)	[yndýrə]
proteine (f pl)	proteinë (f)	[protɛínə]
carboidrati (m pl)	karbohidrat (m)	[karbohidrát]
fetta (f), fettina (f)	fetë (f)	[fétə]
pezzo (m) (~ di torta)	copë (f)	[tsópə]
briciola (f) (~ di pane)	dromcë (f)	[drómtsə]

43. Preparazione della tavola

cucchiaio (m)	lugë (f)	[lúgə]
coltello (m)	thikë (f)	[θíkə]
forchetta (f)	pirun (m)	[pirún]
tazza (f)	filxhan (m)	[fildʒán]
piatto (m)	pjatë (f)	[pjátə]
piattino (m)	pjatë filxhani (f)	[pjátə fildʒáni]
tovagliolo (m)	pecetë (f)	[pɛtsétə]
stuzzicadenti (m)	kruajtëse dhëmbësh (f)	[krúajtəsɛ ðə́mbəʃ]

44. Ristorante

ristorante (m)	restorant (m)	[rɛstoránt]
caffè (m)	kafene (f)	[kafɛné]
pub (m), bar (m)	pab (m), pijetore (f)	[pab], [pijɛtórɛ]
sala (f) da tè	çajtore (f)	[tʃajtórɛ]
cameriere (m)	kamerier (m)	[kamɛriér]
cameriera (f)	kameriere (f)	[kamɛriérɛ]
barista (m)	banakier (m)	[banakiér]
menù (m)	menu (f)	[mɛnú]
lista (f) dei vini	menu verërash (f)	[mɛnú vérəraʃ]
prenotare un tavolo	rezervoj një tavolinë	[rɛzɛrvój ɲə tavolínə]
piatto (m)	pjatë (f)	[pjátə]
ordinare (~ il pranzo)	porosis	[porosís]
fare un'ordinazione	bëj porosinë	[bəj porosínə]
aperitivo (m)	aperitiv (m)	[apɛritív]
antipasto (m)	antipastë (f)	[antipástə]
dolce (m)	ëmbëlsirë (f)	[əmbəlsírə]
conto (m)	faturë (f)	[fatúrə]
pagare il conto	paguaj faturën	[pagúaj fatúrən]
dare il resto	jap kusur	[jap kusúr]
mancia (f)	bakshish (m)	[bakʃíʃ]

Famiglia, parenti e amici

45. Informazioni personali. Moduli

nome (m)	emër (m)	[émər]
cognome (m)	mbiemër (m)	[mbiémər]
data (f) di nascita	datëlindje (f)	[datəlíndjɛ]
luogo (m) di nascita	vendlindje (f)	[vɛndlíndjɛ]
nazionalità (f)	kombësi (f)	[kombəsí]
domicilio (m)	vendbanim (m)	[vɛndbaním]
paese (m)	shtet (m)	[ʃtɛt]
professione (f)	profesion (m)	[profɛsión]
sesso (m)	gjinia (f)	[ɟiníа]
statura (f)	gjatësia (f)	[ɟatəsía]
peso (m)	peshë (f)	[péʃə]

46. Membri della famiglia. Parenti

madre (f)	nënë (f)	[nénə]
padre (m)	baba (f)	[babá]
figlio (m)	bir (m)	[biɾ]
figlia (f)	bijë (f)	[bíjə]
figlia (f) minore	vajza e vogël (f)	[vájza ɛ vógəl]
figlio (m) minore	djali i vogël (m)	[djáli i vógəl]
figlia (f) maggiore	vajza e madhe (f)	[vájza ɛ máðɛ]
figlio (m) maggiore	djali i vogël (m)	[djáli i vógəl]
fratello (m)	vëlla (m)	[vəɫá]
fratello (m) maggiore	vëllai i madh (m)	[vəɫái i mað]
fratello (m) minore	vëllai i vogël (m)	[vəɫai i vógəl]
sorella (f)	motër (f)	[mótər]
sorella (f) maggiore	motra e madhe (f)	[mótra ɛ máðɛ]
sorella (f) minore	motra e vogël (f)	[mótra ɛ vógəl]
cugino (m)	kushëri (m)	[kuʃərí]
cugina (f)	kushërirë (f)	[kuʃəɾírə]
mamma (f)	mami (f)	[mámi]
papà (m)	babi (m)	[bábi]
genitori (m pl)	prindër (pl)	[príndər]
bambino (m)	fëmijë (f)	[fəmíjə]
bambini (m pl)	fëmijë (pl)	[fəmíjə]
nonna (f)	gjyshe (f)	[ɟýʃɛ]
nonno (m)	gjysh (m)	[ɟyʃ]

nipote (m) (figlio di un figlio)	nip (m)	[nip]
nipote (f)	mbesë (f)	[mbésə]
nipoti (pl)	nipër e mbesa (pl)	[nípər ɛ mbésa]

zio (m)	dajë (f)	[dájə]
zia (f)	teze (f)	[tézɛ]
nipote (m) (figlio di un fratello)	nip (m)	[nip]
nipote (f)	mbesë (f)	[mbésə]

suocera (f)	vjehrrë (f)	[vjéhrə]
suocero (m)	vjehrri (m)	[vjéhri]
genero (m)	dhëndër (m)	[ðéndər]
matrigna (f)	njerkë (f)	[ɲérkə]
patrigno (m)	njerk (m)	[ɲérk]

neonato (m)	foshnjë (f)	[fóʃnə]
infante (m)	fëmijë (f)	[fəmíjə]
bimbo (m), ragazzino (m)	djalosh (m)	[djalóʃ]

moglie (f)	bashkëshorte (f)	[baʃkəʃórtɛ]
marito (m)	bashkëshort (m)	[baʃkəʃórt]
coniuge (m)	bashkëshort (m)	[baʃkəʃórt]
coniuge (f)	bashkëshorte (f)	[baʃkəʃórtɛ]

sposato (agg)	i martuar	[i martúar]
sposata (agg)	e martuar	[ɛ martúar]
celibe (agg)	beqar	[bɛcár]
scapolo (m)	beqar (m)	[bɛcár]
divorziato (agg)	i divorcuar	[i divortsúar]
vedova (f)	vejushë (f)	[vɛjúʃə]
vedovo (m)	vejan (m)	[vɛján]

parente (m)	kushëri (m)	[kuʃərí]
parente (m) stretto	kushëri i afërt (m)	[kuʃərí i áfərt]
parente (m) lontano	kushëri i largët (m)	[kuʃərí i lárgət]
parenti (m pl)	kushërinj (pl)	[kuʃəríɲ]

orfano (m)	jetim (m)	[jɛtím]
orfana (f)	jetime (f)	[jɛtímɛ]
tutore (m)	kujdestar (m)	[kujdɛstár]
adottare (~ un bambino)	adoptoj	[adoptój]
adottare (~ una bambina)	adoptoj	[adoptój]

Medicinali

47. Malattie

malattia (f)	sëmundje (f)	[səmúndjɛ]
essere malato	jam sëmurë	[jam səmúrə]
salute (f)	shëndet (m)	[ʃəndét]

raffreddore (m)	rrifë (f)	[rífə]
tonsillite (f)	grykët (m)	[grýkət]
raffreddore (m)	ftohje (f)	[ftóhjɛ]
raffreddarsi (vr)	ftohem	[ftóhɛm]

bronchite (f)	bronkit (m)	[bronkít]
polmonite (f)	pneumoni (f)	[pnɛumoní]
influenza (f)	grip (m)	[grip]

miope (agg)	miop	[mióp]
presbite (agg)	presbit	[prɛsbít]
strabismo (m)	strabizëm (m)	[strabízəm]
strabico (agg)	strabik	[strabík]
cateratta (f)	katarakt (m)	[katarákt]
glaucoma (m)	glaukoma (f)	[glaukóma]

ictus (m) cerebrale	goditje (f)	[godítjɛ]
attacco (m) di cuore	sulm në zemër (m)	[sulm nə zémər]
infarto (m) miocardico	infarkt miokardiak (m)	[infárkt miokardiák]
paralisi (f)	paralizë (f)	[paralízə]
paralizzare (vt)	paralizoj	[paralizój]

allergia (f)	alergji (f)	[alɛrɟí]
asma (f)	astmë (f)	[ástmə]
diabete (m)	diabet (m)	[diabét]

mal (m) di denti	dhimbje dhëmbi (f)	[ðímbjɛ ðə́mbi]
carie (f)	karies (m)	[kariés]

diarrea (f)	diarre (f)	[diaré]
stitichezza (f)	kapsllëk (m)	[kapsɫə́k]
disturbo (m) gastrico	dispepsi (f)	[dispɛpsí]
intossicazione (f) alimentare	helmim (m)	[hɛlmím]
intossicarsi (vr)	helmohem nga ushqimi	[hɛlmóhɛm ŋa uʃcími]

artrite (f)	artrit (m)	[artrít]
rachitide (f)	rakit (m)	[rakít]
reumatismo (m)	reumatizëm (m)	[rɛumatízəm]
aterosclerosi (f)	arteriosklerozë (f)	[artɛriosklɛrózə]

gastrite (f)	gastrit (m)	[gastrít]
appendicite (f)	apendicit (m)	[apɛnditsít]

| colecistite (f) | kolecistit (m) | [kolɛtsistít] |
| ulcera (f) | ulcerë (f) | [ultsérə] |

morbillo (m)	fruth (m)	[fruθ]
rosolia (f)	rubeola (f)	[rubɛóla]
itterizia (f)	verdhëza (f)	[vérðəza]
epatite (f)	hepatit (m)	[hɛpatít]

schizofrenia (f)	skizofreni (f)	[skizofrɛní]
rabbia (f)	sëmundje e tërbimit (f)	[səmúndjɛ ɛ tərbímit]
nevrosi (f)	neurozë (f)	[nɛurózə]
commozione (f) cerebrale	tronditje (f)	[trondítjɛ]

cancro (m)	kancer (m)	[kantsér]
sclerosi (f)	sklerozë (f)	[sklɛrózə]
sclerosi (f) multipla	sklerozë e shumëfishtë (f)	[sklɛrózə ɛ ʃuməfíʃtə]

alcolismo (m)	alkoolizëm (m)	[alkoolízəm]
alcolizzato (m)	alkoolik (m)	[alkoolík]
sifilide (f)	sifiliz (m)	[sifilíz]
AIDS (m)	SIDA (f)	[sída]

tumore (m)	tumor (m)	[tumór]
maligno (agg)	malinj	[malíɲ]
benigno (agg)	beninj	[bɛníɲ]

febbre (f)	ethe (f)	[éθɛ]
malaria (f)	malarie (f)	[malaríɛ]
cancrena (f)	gangrenë (f)	[gaŋrénə]
mal (m) di mare	sëmundje deti (f)	[səmúndjɛ déti]
epilessia (f)	epilepsi (f)	[ɛpilɛpsí]

epidemia (f)	epidemi (f)	[ɛpidɛmí]
tifo (m)	tifo (f)	[tífo]
tubercolosi (f)	tuberkuloz (f)	[tubɛrkulóz]
colera (m)	kolerë (f)	[kolérə]
peste (f)	murtaja (f)	[murtája]

48. Sintomi. Cure. Parte 1

sintomo (m)	simptomë (f)	[simptómə]
temperatura (f)	temperaturë (f)	[tɛmpɛratúrə]
febbre (f) alta	temperaturë e lartë (f)	[tɛmpɛratúrə ɛ lártə]
polso (m)	puls (m)	[puls]

capogiro (m)	marrje mendsh (m)	[márjɛ méndʃ]
caldo (agg)	i nxehtë	[i ndzéhtə]
brivido (m)	dridhërima (f)	[driθəríma]
pallido (un viso ~)	i zbehur	[i zbéhur]

tosse (f)	kollë (f)	[kółə]
tossire (vi)	kollitem	[kołítɛm]
starnutire (vi)	teshtij	[tɛʃtíj]
svenimento (m)	të fikët (f)	[tə fíkət]

svenire (vi)	bie të fikët	[bíɛ tə fíkət]
livido (m)	mavijosje (f)	[mavijósjɛ]
bernoccolo (m)	gungë (f)	[gúŋə]
farsi un livido	godas	[godás]
contusione (f)	lëndim (m)	[ləndím]
farsi male	lëndohem	[ləndóhɛm]

zoppicare (vi)	çaloj	[tʃalój]
slogatura (f)	dislokim (m)	[dislokím]
slogarsi (vr)	del nga vendi	[dɛl ŋa véndi]
frattura (f)	thyerje (f)	[θýɛrjɛ]
fratturarsi (vr)	thyej	[θýɛj]

taglio (m)	e prerë (f)	[ɛ prérə]
tagliarsi (vr)	pres veten	[prɛs vétɛn]
emorragia (f)	rrjedhje gjaku (f)	[rjéðjɛ ɟáku]

| scottatura (f) | djegie (f) | [djégiɛ] |
| scottarsi (vr) | digjem | [díɟɛm] |

pungere (vt)	shpoj	[ʃpoj]
pungersi (vr)	shpohem	[ʃpóhɛm]
ferire (vt)	dëmtoj	[dəmtój]
ferita (f)	dëmtim (m)	[dəmtím]
lesione (f)	plagë (f)	[plágə]
trauma (m)	traumë (f)	[traúmə]

delirare (vi)	fol përçart	[fól pərtʃárt]
tartagliare (vi)	belbëzoj	[bɛlbəzój]
colpo (m) di sole	pikë e diellit (f)	[píkə ɛ diétit]

49. Sintomi. Cure. Parte 2

| dolore (m), male (m) | dhimbje (f) | [ðímbjɛ] |
| scheggia (f) | cifël (f) | [tsífəl] |

sudore (m)	djersë (f)	[djérsə]
sudare (vi)	djersij	[djɛrsíj]
vomito (m)	të vjella (f)	[tə vjéta]
convulsioni (f pl)	konvulsione (f)	[konvulsiónɛ]

incinta (agg)	shtatzënë	[ʃtatzénə]
nascere (vi)	lind	[lind]
parto (m)	lindje (f)	[líndjɛ]
essere in travaglio di parto	sjell në jetë	[sjɛt nə jétə]
aborto (m)	abort (m)	[abórt]

respirazione (f)	frymëmarrje (f)	[frymǝmárjɛ]
inspirazione (f)	mbajtje e frymës (f)	[mbájtjɛ ɛ frýməs]
espirazione (f)	lëshim i frymës (m)	[ləʃím i frýməs]
espirare (vi)	nxjerr frymën	[ndzjér frýmən]
inspirare (vi)	marr frymë	[mar frýmə]
invalido (m)	invalid (m)	[invalíd]
storpio (m)	i gjymtuar (m)	[i ɟymtúar]

drogato (m)	narkoman (m)	[narkomán]
sordo (agg)	shurdh	[ʃurð]
muto (agg)	memec	[mɛméts]
sordomuto (agg)	shurdh-memec	[ʃurð-mɛméts]
matto (agg)	i marrë	[i márə]
matto (m)	i çmendur (m)	[i tʃméndur]
matta (f)	e çmendur (f)	[ɛ tʃméndur]
impazzire (vi)	çmendem	[tʃméndɛm]
gene (m)	gen (m)	[gɛn]
immunità (f)	imunitet (m)	[imunitét]
ereditario (agg)	e trashëguar	[ɛ traʃəgúar]
innato (agg)	e lindur	[ɛ líndur]
virus (m)	virus (m)	[virús]
microbo (m)	mikrob (m)	[mikrób]
batterio (m)	bakterie (f)	[baktériɛ]
infezione (f)	infeksion (m)	[infɛksión]

50. Sintomi. Cure. Parte 3

ospedale (m)	spital (m)	[spitál]
paziente (m)	pacient (m)	[patsiént]
diagnosi (f)	diagnozë (f)	[diagnózə]
cura (f)	kurë (f)	[kúrə]
trattamento (m)	trajtim mjekësor (m)	[trajtím mjɛkəsór]
curarsi (vr)	kurohem	[kuróhɛm]
curare (vt)	kuroj	[kurój]
accudire (un malato)	kujdesem	[kujdésɛm]
assistenza (f)	kujdes (m)	[kujdés]
operazione (f)	operacion (m)	[opɛratsión]
bendare (vt)	fashoj	[faʃój]
fasciatura (f)	fashim (m)	[faʃím]
vaccinazione (f)	vaksinim (m)	[vaksiním]
vaccinare (vt)	vaksinoj	[vaksinój]
iniezione (f)	injeksion (m)	[iɲɛksión]
fare una puntura	bëj injeksion	[bəj iɲɛksíon]
attacco (m) (~ epilettico)	atak (m)	[aták]
amputazione (f)	amputim (m)	[amputím]
amputare (vt)	amputoj	[amputój]
coma (m)	komë (f)	[kómə]
essere in coma	jam në komë	[jam nə kómə]
rianimazione (f)	kujdes intensiv (m)	[kujdés intɛnsív]
guarire (vi)	shërohem	[ʃəróhɛm]
stato (f) (del paziente)	gjendje (f)	[ɟéndjɛ]
conoscenza (f)	vetëdije (f)	[vɛtədíjɛ]
memoria (f)	kujtesë (f)	[kujtésə]
estrarre (~ un dente)	heq	[hɛc]

otturazione (f)	mbushje (f)	[mbúʃjɛ]
otturare (vt)	mbush	[mbúʃ]
ipnosi (f)	hipnozë (f)	[hipnózə]
ipnotizzare (vt)	hipnotizim	[hipnotizím]

51. Medici

medico (m)	mjek (m)	[mjék]
infermiera (f)	infermiere (f)	[infɛrmiérɛ]
medico (m) personale	mjek personal (m)	[mjék pɛrsonál]

dentista (m)	dentist (m)	[dɛntíst]
oculista (m)	okulist (m)	[okulíst]
internista (m)	mjek i përgjithshëm (m)	[mjék i pərɟíθʃəm]
chirurgo (m)	kirurg (m)	[kirúrg]

psichiatra (m)	psikiatër (m)	[psikiátər]
pediatra (m)	pediatër (m)	[pɛdiátər]
psicologo (m)	psikolog (m)	[psikológ]
ginecologo (m)	gjinekolog (m)	[ɟinɛkológ]
cardiologo (m)	kardiolog (m)	[kardiológ]

52. Medicinali. Farmaci. Accessori

medicina (f)	ilaç (m)	[ilátʃ]
rimedio (m)	mjekim (m)	[mjɛkím]
prescrivere (vt)	shkruaj recetë	[ʃkrúaj rɛtsétə]
prescrizione (f)	recetë (f)	[rɛtsétə]

compressa (f)	pilulë (f)	[pilúlə]
unguento (m)	krem (m)	[krɛm]
fiala (f)	ampulë (f)	[ampúlə]
pozione (f)	përzierje (f)	[pərzíɛrjɛ]
sciroppo (m)	shurup (m)	[ʃurúp]
pillola (f)	pilulë (f)	[pilúlə]
polverina (f)	pudër (f)	[púdər]

benda (f)	fashë garze (f)	[faʃə gárzɛ]
ovatta (f)	pambuk (m)	[pambúk]
iodio (m)	jod (m)	[jod]

cerotto (m)	leukoplast (m)	[lɛukoplást]
contagocce (m)	pikatore (f)	[pikatórɛ]
termometro (m)	termometër (m)	[tɛrmométər]
siringa (f)	shiringë (f)	[ʃiríɳə]

sedia (f) a rotelle	karrocë me rrota (f)	[karótsə mɛ róta]
stampelle (f pl)	paterica (f)	[patɛrítsa]

analgesico (m)	qetësues (m)	[cɛtəsúɛs]
lassativo (m)	laksativ (m)	[laksatív]

alcol (m)   **alkool dezinfektues** (m)   [alkoól dɛzinfɛktúɛs]
erba (f) officinale   **bimë mjekësore** (f)   [bímə mjɛkəsórɛ]
d'erbe (infuso ~)   **çaj bimor**   [tʃáj bimór̩]

HABITAT UMANO

Città

53. Città. Vita di città

città (f)	qytet (m)	[cytét]
capitale (f)	kryeqytet (m)	[kryɛcytét]
villaggio (m)	fshat (m)	[fʃát]
mappa (f) della città	hartë e qytetit (f)	[hártə ɛ cytétit]
centro (m) della città	qendër e qytetit (f)	[céndər ɛ cytétit]
sobborgo (m)	periferi (f)	[pɛrifɛrí]
suburbano (agg)	periferik	[pɛrifɛrík]
periferia (f)	periferia (f)	[pɛrifɛría]
dintorni (m pl)	periferia (f)	[pɛrifɛría]
isolato (m)	bllok pallatesh (m)	[bɫók paɫátɛʃ]
quartiere residenziale	bllok banimi (m)	[bɫók baními]
traffico (m)	trafik (m)	[trafík]
semaforo (m)	semafor (m)	[sɛmafór]
trasporti (m pl) urbani	transport publik (m)	[transpórt publík]
incrocio (m)	kryqëzim (m)	[krycəzím]
passaggio (m) pedonale	kalim për këmbësorë (m)	[kalím pər kəmbəsórə]
sottopassaggio (m)	nënkalim për këmbësorë (m)	[nənkalím pər kəmbəsórə]
attraversare (vt)	kapërcej	[kapərtséj]
pedone (m)	këmbësor (m)	[kəmbəsór]
marciapiede (m)	trotuar (m)	[trotuár]
ponte (m)	urë (f)	[úrə]
banchina (f)	breg lumi (m)	[brɛg lúmi]
fontana (f)	shatërvan (m)	[ʃatərván]
vialetto (m)	rrugëz (m)	[rúgəz]
parco (m)	park (m)	[park]
boulevard (m)	bulevard (m)	[bulɛvárd]
piazza (f)	shesh (m)	[ʃɛʃ]
viale (m), corso (m)	bulevard (m)	[bulɛvárd]
via (f), strada (f)	rrugë (f)	[rúgə]
vicolo (m)	rrugë dytësore (f)	[rúgə dytəsórɛ]
vicolo (m) cieco	rrugë pa krye (f)	[rúgə pa krýɛ]
casa (f)	shtëpi (f)	[ʃtəpí]
edificio (m)	ndërtesë (f)	[ndərtésə]
grattacielo (m)	qiellgërvishtës (m)	[ciɛɫgərvíʃtəs]
facciata (f)	fasadë (f)	[fasádə]
tetto (m)	çati (f)	[tʃatí]

finestra (f)	dritare (f)	[dritárɛ]
arco (m)	hark (m)	[hárk]
colonna (f)	kolonë (f)	[kolónə]
angolo (m)	kënd (m)	[kənd]

vetrina (f)	vitrinë (f)	[vitrínə]
insegna (f) (di negozi, ecc.)	tabelë (f)	[tabélə]
cartellone (m)	poster (m)	[postér]
cartellone (m) pubblicitario	afishe reklamuese (f)	[afíʃɛ rɛklamúɛsɛ]
tabellone (m) pubblicitario	tabelë reklamash (f)	[tabélə rɛklámaʃ]

pattume (m), spazzatura (f)	plehra (f)	[pléhra]
pattumiera (f)	kosh plehrash (m)	[koʃ pléhraʃ]
sporcare (vi)	hedh mbeturina	[hɛð mbɛturína]
discarica (f) di rifiuti	deponi plehrash (f)	[dɛponí pléhraʃ]

cabina (f) telefonica	kabinë telefonike (f)	[kabínə tɛlɛfoníkɛ]
lampione (m)	shtyllë dritash (f)	[ʃtýɫə drítaʃ]
panchina (f)	stol (m)	[stol]

poliziotto (m)	polic (m)	[políts]
polizia (f)	polici (f)	[politsí]
mendicante (m)	lypës (m)	[lýpəs]
barbone (m)	i pastrehë (m)	[i pastréhə]

54. Servizi cittadini

negozio (m)	dyqan (m)	[dycán]
farmacia (f)	farmaci (f)	[farmatsí]
ottica (f)	optikë (f)	[optíkə]
centro (m) commerciale	qendër tregtare (f)	[cénder trɛgtárɛ]
supermercato (m)	supermarket (m)	[supɛrmarkét]

panetteria (f)	furrë (f)	[fúrə]
fornaio (m)	furrtar (m)	[furtár]
pasticceria (f)	pastiçeri (f)	[pastitʃɛrí]
drogheria (f)	dyqan ushqimor (m)	[dycán uʃcimór]
macelleria (f)	dyqan mishi (m)	[dycán míʃi]

| fruttivendolo (m) | dyqan fruta-perimesh (m) | [dycán frúta-pɛrímɛʃ] |
| mercato (m) | treg (m) | [trɛg] |

caffè (m)	kafene (f)	[kafɛné]
ristorante (m)	restorant (m)	[rɛstoránt]
birreria (f), pub (m)	pab (m), pijetore (f)	[pab], [pijɛtórɛ]
pizzeria (f)	piceri (f)	[pitsɛrí]

salone (m) di parrucchiere	parukeri (f)	[parukɛrí]
ufficio (m) postale	zyrë postare (f)	[zýrə postárɛ]
lavanderia (f) a secco	pastrim kimik (m)	[pastrím kimík]
studio (m) fotografico	studio fotografike (f)	[stúdio fotografíkɛ]

| negozio (m) di scarpe | dyqan këpucësh (m) | [dycán kəpútsəʃ] |
| libreria (f) | librari (f) | [librarí] |

negozio (m) sportivo	dyqan me mallra sportivë (m)	[dycán mɛ máɫra sportívə]
riparazione (f) di abiti	rrobaqepësi (f)	[robacɛpəsí]
noleggio (m) di abiti	dyqan veshjesh me qira (m)	[dycán véʃjɛʃ mɛ cirá]
noleggio (m) di film	dyqan videosh me qira (m)	[dycán vídɛoʃ mɛ cirá]
circo (m)	cirk (m)	[tsírk]
zoo (m)	kopsht zoologjik (m)	[kópʃt zooloɟík]
cinema (m)	kinema (f)	[kinɛmá]
museo (m)	muze (m)	[muzé]
biblioteca (f)	bibliotekë (f)	[bibliotékə]
teatro (m)	teatër (m)	[tɛátər]
teatro (m) dell'opera	opera (f)	[opéra]
locale notturno (m)	klub nate (m)	[klúb nátɛ]
casinò (m)	kazino (f)	[kazíno]
moschea (f)	xhami (f)	[dʒamí]
sinagoga (f)	sinagogë (f)	[sinagógə]
cattedrale (f)	katedrale (f)	[katɛdrálɛ]
tempio (m)	tempull (m)	[témpuɫ]
chiesa (f)	kishë (f)	[kíʃə]
istituto (m)	kolegj (m)	[kolέɟ]
università (f)	universitet (m)	[univɛrsitét]
scuola (f)	shkollë (f)	[ʃkóɫə]
prefettura (f)	prefekturë (f)	[prɛfɛktúrə]
municipio (m)	bashki (f)	[baʃkí]
albergo, hotel (m)	hotel (m)	[hotél]
banca (f)	bankë (f)	[bánkə]
ambasciata (f)	ambasadë (f)	[ambasádə]
agenzia (f) di viaggi	agjenci udhëtimesh (f)	[aɟɛntsí uðətímɛʃ]
ufficio (m) informazioni	zyrë informacioni (f)	[zýrə informatsióni]
ufficio (m) dei cambi	këmbim valutor (m)	[kəmbím valutór]
metropolitana (f)	metro (f)	[mɛtró]
ospedale (m)	spital (m)	[spitál]
distributore (m) di benzina	pikë karburanti (f)	[píkə karburánti]
parcheggio (m)	parking (m)	[parkíŋ]

55. Cartelli

insegna (f) (di negozi, ecc.)	tabelë (f)	[tabélə]
iscrizione (f)	njoftim (m)	[ɲoftím]
cartellone (m)	poster (m)	[postér]
segnale (m) di direzione	tabelë drejtuese (f)	[tabélə drɛjtúɛsɛ]
freccia (f)	shigjetë (f)	[ʃiɟétə]
avvertimento (m)	kujdes (m)	[kujdés]
avviso (m)	shenjë paralajmëruese (f)	[ʃéɲə paralajmərúɛsɛ]
avvertire, avvisare (vt)	paralajmëroj	[paralajmərój]

giorno (m) di riposo	ditë pushimi (f)	[dítə puʃími]
orario (m)	orar (m)	[orár]
orario (m) di apertura	orari i punës (m)	[orári i púnəs]
BENVENUTI!	MIRË SE VINI!	[mírə sɛ víni!]
ENTRATA	HYRJE	[hýrjɛ]
USCITA	DALJE	[dáljɛ]
SPINGERE	SHTY	[ʃty]
TIRARE	TËRHIQ	[tərhíc]
APERTO	HAPUR	[hápur]
CHIUSO	MBYLLUR	[mbýɫur]
DONNE	GRA	[gra]
UOMINI	BURRA	[búra]
SCONTI	ZBRITJE	[zbrítjɛ]
SALDI	ULJE	[úljɛ]
NOVITÀ!	TË REJA!	[tə réja!]
GRATIS	FALAS	[fálas]
ATTENZIONE!	KUJDES!	[kujdés!]
COMPLETO	NUK KA VENDE TË LIRA	[nuk ka véndɛ tə líra]
RISERVATO	E REZERVUAR	[ɛ rɛzɛrvúar]
AMMINISTRAZIONE	ADMINISTRATA	[administráta]
RISERVATO AL PERSONALE	VETËM PËR STAFIN	[vétəm pər stáfin]
ATTENTI AL CANE	RUHUNI NGA QENI!	[rúhuni ŋa céni!]
VIETATO FUMARE!	NDALOHET DUHANI	[ndalóhɛt duháni]
NON TOCCARE	MOS PREK!	[mos prék!]
PERICOLOSO	TË RREZIKSHME	[tə rɛzíkʃmɛ]
PERICOLO	RREZIK	[rɛzík]
ALTA TENSIONE	TENSION I LARTË	[tɛnsión i lártə]
DIVIETO DI BALNEAZIONE	NUK LEJOHET NOTI!	[nuk lɛjóhɛt nóti!]
GUASTO	E PRISHUR	[ɛ príʃur]
INFIAMMABILE	LËNDË DJEGËSE	[ləndə djégəsɛ]
VIETATO	E NDALUAR	[ɛ ndalúar]
VIETATO L'INGRESSO	NDALOHET HYRJA	[ndalóhɛt hýrja]
VERNICE FRESCA	BOJË E FRESKËT	[bójə ɛ fréskət]

56. Mezzi pubblici in città

autobus (m)	autobus (m)	[autobús]
tram (m)	tramvaj (m)	[tramváj]
filobus (m)	autobus tramvaj (m)	[autobús tramváj]
itinerario (m)	itinerar (m)	[itinɛrár]
numero (m)	numër (m)	[númər]
andare in ...	udhëtoj me ...	[uðətój mɛ ...]
salire (~ sull'autobus)	hip	[hip]

scendere da ...	zbres ...	[zbrɛs ...]
fermata (f) (~ dell'autobus)	stacion (m)	[statsión]
prossima fermata (f)	stacioni tjetër (m)	[statsióni tjétər]
capolinea (m)	terminal (m)	[tɛrminál]
orario (m)	orar (m)	[orár]
aspettare (vt)	pres	[prɛs]
biglietto (m)	biletë (f)	[bilétə]
prezzo (m) del biglietto	çmim bilete (m)	[tʃmím bilétɛ]
cassiere (m)	shitës biletash (m)	[ʃítəs biléta ʃ]
controllo (m) dei biglietti	kontroll biletash (m)	[kontrół biléta ʃ]
bigliettaio (m)	kontrollues biletash (m)	[kontrołúɛs biléta ʃ]
essere in ritardo	vonohem	[vonóhɛm]
perdere (~ il treno)	humbas	[humbás]
avere fretta	nxitoj	[ndzitój]
taxi (m)	taksi (m)	[táksi]
taxista (m)	shofer taksie (m)	[ʃofér taksíɛ]
in taxi	me taksi	[mɛ táksi]
parcheggio (m) di taxi	stacion taksish (m)	[statsión táksiʃ]
chiamare un taxi	thërras taksi	[θərás táksi]
prendere un taxi	marr taksi	[mar táksi]
traffico (m)	trafik (m)	[trafík]
ingorgo (m)	bllokim trafiku (m)	[błokím trafíku]
ore (f pl) di punta	orë e trafikut të rëndë (f)	[órə ɛ trafíkut tə rəndə]
parcheggiarsi (vr)	parkoj	[parkój]
parcheggiare (vt)	parkim	[parkím]
parcheggio (m)	parking (m)	[parkíŋ]
metropolitana (f)	metro (f)	[mɛtró]
stazione (f)	stacion (m)	[statsión]
prendere la metropolitana	shkoj me metro	[ʃkoj mɛ métro]
treno (m)	tren (m)	[trɛn]
stazione (f) ferroviaria	stacion treni (m)	[statsión tréni]

57. Visita turistica

monumento (m)	monument (m)	[monumént]
fortezza (f)	kala (f)	[kalá]
palazzo (m)	pallat (m)	[pałát]
castello (m)	keshtjellë (f)	[kəʃtjétə]
torre (f)	kullë (f)	[kútə]
mausoleo (m)	mauzoleum (m)	[mauzolɛúm]
architettura (f)	arkitekturë (f)	[arkitɛktúrə]
medievale (agg)	mesjetare	[mɛsjɛtárɛ]
antico (agg)	e lashtë	[ɛ láʃtə]
nazionale (agg)	kombëtare	[kombətárɛ]
famoso (agg)	i famshëm	[i fámʃəm]
turista (m)	turist (m)	[turíst]
guida (f)	udhërrëfyes (m)	[uðərəfýɛs]

escursione (f)	ekskursion (m)	[εkskursión]
fare vedere	tregoj	[trεgój]
raccontare (vt)	dëftoj	[dəftój]
trovare (vt)	gjej	[ɟéj]
perdersi (vr)	humbas	[humbás]
mappa (f) (~ della metropolitana)	hartë (f)	[hártə]
piantina (f) (~ della città)	hartë (f)	[hártə]
souvenir (m)	suvenir (m)	[suvεnír]
negozio (m) di articoli da regalo	dyqan dhuratash (m)	[dycán ðurátaʃ]
fare foto	bëj foto	[bəj fóto]
fotografarsi	bëj fotografi	[bəj fotografí]

58. Acquisti

comprare (vt)	blej	[blεj]
acquisto (m)	blerje (f)	[blérjε]
fare acquisti	shkoj për pazar	[ʃkoj pər pazár]
shopping (m)	pazar (m)	[pazár]
essere aperto (negozio)	hapur	[hápur]
essere chiuso	mbyllur	[mbýɬur]
calzature (f pl)	këpucë (f)	[kəpútsə]
abbigliamento (m)	veshje (f)	[véʃjε]
cosmetica (f)	kozmetikë (f)	[kozmεtíkə]
alimentari (m pl)	mallra ushqimore (f)	[máɬra uʃcimórε]
regalo (m)	dhuratë (f)	[ðurátə]
commesso (m)	shitës (m)	[ʃítəs]
commessa (f)	shitëse (f)	[ʃítəsε]
cassa (f)	arkë (f)	[árkə]
specchio (m)	pasqyrë (f)	[pascýrə]
banco (m)	banak (m)	[bának]
camerino (m)	dhomë prove (f)	[ðómə próvε]
provare (~ un vestito)	provoj	[provój]
stare bene (vestito)	më rri mirë	[mə ri mírə]
piacere (vi)	pëlqej	[pəlcéj]
prezzo (m)	çmim (m)	[tʃmím]
etichetta (f) del prezzo	etiketa e çmimit (f)	[εtikéta ε tʃmímit]
costare (vt)	kushton	[kuʃtón]
Quanto?	Sa?	[sa?]
sconto (m)	ulje (f)	[úljε]
no muy caro (agg)	jo e shtrenjtë	[jo ε ʃtréɲtə]
a buon mercato	e lirë	[ε lírə]
caro (agg)	i shtrenjtë	[i ʃtréɲtə]
È caro	Është e shtrenjtë	[ə́ʃtə ε ʃtréɲtə]

noleggio (m)	qiramarrje (f)	[ciramárjɛ]
noleggiare (~ un abito)	marr me qira	[mar mɛ cirá]
credito (m)	kredit (m)	[krɛdít]
a credito	me kredi	[mɛ krɛdí]

59. Denaro

soldi (m pl)	para (f)	[pará]
cambio (m)	këmbim valutor (m)	[kəmbím valutór]
corso (m) di cambio	kurs këmbimi (m)	[kurs kəmbími]
bancomat (m)	bankomat (m)	[bankomát]
moneta (f)	monedhë (f)	[monéðə]

| dollaro (m) | dollar (m) | [doɫár] |
| euro (m) | euro (f) | [éuro] |

lira (f)	lirë (f)	[lírə]
marco (m)	Marka gjermane (f)	[márka ɟɛrmánɛ]
franco (m)	franga (f)	[fráŋa]
sterlina (f)	sterlina angleze (f)	[stɛrlína aŋlézɛ]
yen (m)	jen (m)	[jén]

debito (m)	borxh (m)	[bórdʒ]
debitore (m)	debitor (m)	[dɛbitór]
prestare (~ i soldi)	jap hua	[jap huá]
prendere in prestito	marr hua	[mar huá]

banca (f)	bankë (f)	[bánkə]
conto (m)	llogari (f)	[ɫogarí]
versare (vt)	depozitoj	[dɛpozitój]
versare sul conto	depozitoj në llogari	[dɛpozitój nə ɫogarí]
prelevare dal conto	tërheq	[tərhéc]

carta (f) di credito	kartë krediti (f)	[kártə krɛdíti]
contanti (m pl)	kesh (m)	[kɛʃ]
assegno (m)	çek (m)	[tʃɛk]
emettere un assegno	lëshoj një çek	[ləʃój nə tʃék]
libretto (m) di assegni	bllok çeqesh (m)	[bɫók tʃécɛʃ]

portafoglio (m)	portofol (m)	[portofól]
borsellino (m)	kuletë (f)	[kulétə]
cassaforte (f)	kasafortë (f)	[kasafórtə]

erede (m)	trashëgimtar (m)	[traʃəgimtár]
eredità (f)	trashëgimi (f)	[traʃəgimí]
fortuna (f)	pasuri (f)	[pasurí]

affitto (m), locazione (f)	qira (f)	[cirá]
canone (m) d'affitto	qiraja (f)	[ciRája]
affittare (dare in affitto)	marr me qira	[mar mɛ cirá]

prezzo (m)	çmim (m)	[tʃmím]
costo (m)	kosto (f)	[kósto]
somma (f)	shumë (f)	[ʃúmə]

spendere (vt)	shpenzoj	[ʃpɛnzój]
spese (f pl)	shpenzime (f)	[ʃpɛnzímɛ]
economizzare (vi, vt)	kursej	[kurséj]
economico (agg)	ekonomik	[ɛkonomík]
pagare (vi, vt)	paguaj	[pagúaj]
pagamento (m)	pagesë (f)	[pagésə]
resto (m) (dare il ~)	kusur (m)	[kusúr]
imposta (f)	taksë (f)	[táksə]
multa (f), ammenda (f)	gjobë (f)	[ɟóbə]
multare (vt)	vendos gjobë	[vɛndós ɟóbə]

60. Posta. Servizio postale

ufficio (m) postale	zyrë postare (f)	[zýrə postárɛ]
posta (f) (lettere, ecc.)	postë (f)	[póstə]
postino (m)	postier (m)	[postiér]
orario (m) di apertura	orari i punës (m)	[orári i púnəs]
lettera (f)	letër (f)	[létər]
raccomandata (f)	letër rekomande (f)	[létər rɛkomándɛ]
cartolina (f)	kartolinë (f)	[kartolínə]
telegramma (m)	telegram (m)	[tɛlɛgrám]
pacco (m) postale	pako (f)	[páko]
vaglia (m) postale	transfer parash (m)	[transfér paráʃ]
ricevere (vt)	pranoj	[pranój]
spedire (vt)	dërgoj	[dərgój]
invio (m)	dërgesë (f)	[dərgésə]
indirizzo (m)	adresë (f)	[adrésə]
codice (m) postale	kodi postar (m)	[kódi postár]
mittente (m)	dërguesi (m)	[dərgúɛsi]
destinatario (m)	pranues (m)	[pranúɛs]
nome (m)	emër (m)	[émər]
cognome (m)	mbiemër (m)	[mbiémər]
tariffa (f)	tarifë postare (f)	[tarífə postárɛ]
ordinario (agg)	standard	[standárd]
standard (agg)	ekonomike	[ɛkonomíkɛ]
peso (m)	peshë (f)	[péʃə]
pesare (vt)	peshoj	[pɛʃój]
busta (f)	zarf (m)	[zarf]
francobollo (m)	pullë postare (f)	[púɫə postárɛ]
affrancare (vt)	vendos pullën postare	[vɛndós púɫən postárɛ]

Abitazione. Casa

61. Casa. Elettricità

elettricità (f)	elektricitet (m)	[ɛlɛktritsitét]
lampadina (f)	poç (m)	[potʃ]
interruttore (m)	çelës drite (m)	[tʃéləs drítɛ]
fusibile (m)	siguresë (f)	[sigurésə]
filo (m)	kabllo (f)	[kábɫo]
impianto (m) elettrico	rrjet elektrik (m)	[rjét ɛlɛktrík]
contatore (m) dell'elettricità	njehsor elektrik (m)	[ɲɛhsór ɛlɛktrík]
lettura, indicazione (f)	matjet (pl)	[mátjɛt]

62. Villa. Palazzo

casa (f) di campagna	vilë (f)	[vílə]
villa (f)	vilë (f)	[vílə]
ala (f)	krah (m)	[krah]
giardino (m)	kopsht (m)	[kopʃt]
parco (m)	park (m)	[park]
serra (f)	serrë (f)	[sérə]
prendersi cura (~ del giardino)	përkujdesem	[pərkujdésɛm]
piscina (f)	pishinë (f)	[piʃínə]
palestra (f)	palestër (f)	[paléstər]
campo (m) da tennis	fushë tenisi (f)	[fúʃə tɛnísi]
home cinema (m)	sallon teatri (m)	[saɫón tɛátri]
garage (m)	garazh (m)	[garáʒ]
proprietà (f) privata	pronë private (f)	[prónə privátɛ]
terreno (m) privato	tokë private (f)	[tókə privátɛ]
avvertimento (m)	paralajmërim (m)	[paralajmərím]
cartello (m) di avvertimento	shenjë paralajmëruese (f)	[ʃéɲə paralajmərúɛsɛ]
sicurezza (f)	sigurim (m)	[sigurím]
guardia (f) giurata	roje sigurimi (m)	[rójɛ sigurími]
allarme (f) antifurto	alarm (m)	[alárm]

63. Appartamento

appartamento (m)	apartament (m)	[apartamént]
camera (f), stanza (f)	dhomë (f)	[ðómə]

camera (f) da letto	dhomë gjumi (f)	[ðómə ɟúmi]
sala (f) da pranzo	dhomë ngrënie (f)	[ðómə ŋrəníɛ]
salotto (m)	dhomë ndeje (f)	[ðómə ndéjɛ]
studio (m)	dhomë pune (f)	[ðómə púnɛ]

ingresso (m)	hyrje (f)	[hýrjɛ]
bagno (m)	banjo (f)	[báɲo]
gabinetto (m)	tualet (m)	[tualét]

soffitto (m)	tavan (m)	[taván]
pavimento (m)	dysheme (f)	[dyʃɛmé]
angolo (m)	qoshe (f)	[cóʃɛ]

64. Arredamento. Interno

mobili (m pl)	orendi (f)	[orɛndí]
tavolo (m)	tryezë (f)	[tryézə]
sedia (f)	karrige (f)	[karígɛ]
letto (m)	shtrat (m)	[ʃtrat]
divano (m)	divan (m)	[diván]
poltrona (f)	kolltuk (m)	[koɫtúk]

| libreria (f) | raft librash (m) | [ráft líbraʃ] |
| ripiano (m) | sergjen (m) | [sɛrɟén] |

armadio (m)	gardërobë (f)	[gardəróbə]
attaccapanni (m) da parete	varëse (f)	[várəsɛ]
appendiabiti (m) da terra	varëse xhaketash (f)	[várəsɛ dʒakétaʃ]

| comò (m) | komodë (f) | [komódə] |
| tavolino (m) da salotto | tryezë e ulët (f) | [tryézə ɛ úlət] |

specchio (m)	pasqyrë (f)	[pascýrə]
tappeto (m)	qilim (m)	[cilím]
tappetino (m)	tapet (m)	[tapét]

camino (m)	oxhak (m)	[odʒák]
candela (f)	qiri (m)	[círi]
candeliere (m)	shandan (m)	[ʃandán]

tende (f pl)	perde (f)	[pérdɛ]
carta (f) da parati	tapiceri (f)	[tapitsɛrí]
tende (f pl) alla veneziana	grila (f)	[gríla]

| lampada (f) da tavolo | llambë tavoline (f) | [ɫámbə tavolínɛ] |
| lampada (f) da parete | llambadar muri (m) | [ɫambadár múri] |

| lampada (f) a stelo | llambadar (m) | [ɫambadár] |
| lampadario (m) | llambadar (m) | [ɫambadár] |

gamba (f)	këmbë (f)	[kə́mbə]
bracciolo (m)	mbështetëse krahu (f)	[mbəʃtétəsɛ kráhu]
spalliera (f)	mbështetëse (f)	[mbəʃtétəsɛ]
cassetto (m)	sirtar (m)	[sirtár]

65. Biancheria da letto

biancheria (f) da letto	çarçafë (pl)	[tʃartʃáfə]
cuscino (m)	jastëk (m)	[jastə́k]
federa (f)	këllëf jastëku (m)	[kətə́f jastə́ku]
coperta (f)	jorgan (m)	[jorgán]
lenzuolo (m)	çarçaf (m)	[tʃartʃáf]
copriletto (m)	mbulesë (f)	[mbulésə]

66. Cucina

cucina (f)	kuzhinë (f)	[kuʒínə]
gas (m)	gaz (m)	[gaz]
fornello (m) a gas	sobë me gaz (f)	[sóbə mɛ gaz]
fornello (m) elettrico	sobë elektrike (f)	[sóbə ɛlɛktríkɛ]
forno (m)	furrë (f)	[fúrə]
forno (m) a microonde	mikrovalë (f)	[mikrinválə]
frigorifero (m)	frigorifer (m)	[frigorifér]
congelatore (m)	frigorifer (m)	[frigorifér]
lavastoviglie (f)	pjatalarëse (f)	[pjatalárəsɛ]
tritacarne (m)	grirëse mishi (f)	[grírəsɛ míʃi]
spremifrutta (m)	shtrydhëse frutash (f)	[ʃtrýðəsɛ frútaʃ]
tostapane (m)	toster (m)	[tostér]
mixer (m)	mikser (m)	[miksér]
macchina (f) da caffè	makinë kafeje (f)	[makínə kaféjɛ]
caffettiera (f)	kafetierë (f)	[kafɛtiérə]
macinacaffè (m)	mulli kafeje (f)	[mutí káfɛjɛ]
bollitore (m)	çajnik (m)	[tʃajník]
teiera (f)	çajnik (m)	[tʃajník]
coperchio (m)	kapak (m)	[kapák]
colino (m) da tè	sitë çaji (f)	[sítə tʃáji]
cucchiaio (m)	lugë (f)	[lúgə]
cucchiaino (m) da tè	lugë çaji (f)	[lúgə tʃáji]
cucchiaio (m)	lugë gjelle (f)	[lúgə ɟétɛ]
forchetta (f)	pirun (m)	[pirún]
coltello (m)	thikë (f)	[θíkə]
stoviglie (f pl)	enë kuzhine (f)	[énə kuʒínɛ]
piatto (m)	pjatë (f)	[pjátə]
piattino (m)	pjatë filxhani (f)	[pjátə fildʒáni]
cicchetto (m)	potir (m)	[potír]
bicchiere (m) (~ d'acqua)	gotë (f)	[gótə]
tazzina (f)	filxhan (m)	[fildʒán]
zuccheriera (f)	tas për sheqer (m)	[tas pər ʃɛcér]
saliera (f)	kripore (f)	[kripórɛ]
pepiera (f)	enë piperi (f)	[énə pipéri]

burriera (f)	pjatë gjalpi (f)	[pjátə ɹálpi]
pentola (f)	tenxhere (f)	[tɛndʒérɛ]
padella (f)	tigan (m)	[tigán]
mestolo (m)	garuzhdë (f)	[garúʒdə]
colapasta (m)	kullesë (f)	[kuɫésə]
vassoio (m)	tabaka (f)	[tabaká]
bottiglia (f)	shishe (f)	[ʃíʃɛ]
barattolo (m) di vetro	kavanoz (m)	[kavanóz]
latta, lattina (f)	kanoçe (f)	[kanótʃɛ]
apribottiglie (m)	hapëse shishesh (f)	[hapəsé ʃíʃɛʃ]
apriscatole (m)	hapëse kanoçesh (f)	[hapəsé kanótʃɛʃ]
cavatappi (m)	turjelë tapash (f)	[turjéɫə tápaʃ]
filtro (m)	filtër (m)	[fíltər]
filtrare (vt)	filtroj	[filtrój]
spazzatura (f)	pleh (m)	[plɛh]
pattumiera (f)	kosh plehrash (m)	[koʃ pléhraʃ]

67. Bagno

bagno (m)	banjo (f)	[báɲo]
acqua (f)	ujë (m)	[újə]
rubinetto (m)	rubinet (m)	[rubinét]
acqua (f) calda	ujë i nxehtë (f)	[újə i ndzéhtə]
acqua (f) fredda	ujë i ftohtë (f)	[újə i ftóhtə]
dentifricio (m)	pastë dhëmbësh (f)	[pástə ðémbəʃ]
lavarsi i denti	laj dhëmbët	[laj ðémbət]
spazzolino (m) da denti	furçë dhëmbësh (f)	[fúrtʃə ðémbəʃ]
rasarsi (vr)	rruhem	[rúhɛm]
schiuma (f) da barba	shkumë rroje (f)	[ʃkumə rójɛ]
rasoio (m)	brisk (m)	[brísk]
lavare (vt)	laj duart	[laj dúart]
fare un bagno	lahem	[láhɛm]
doccia (f)	dush (m)	[duʃ]
fare una doccia	bëj dush	[bəj dúʃ]
vasca (f) da bagno	vaskë (f)	[váskə]
water (m)	tualet (m)	[tualét]
lavandino (m)	lavaman (m)	[lavamán]
sapone (m)	sapun (m)	[sapún]
porta (m) sapone	pjatë sapuni (f)	[pjátə sapúni]
spugna (f)	sfungjer (m)	[sfuɲɟér]
shampoo (m)	shampo (f)	[ʃampó]
asciugamano (m)	peshqir (m)	[pɛʃcír]
accappatoio (m)	peshqir trupi (m)	[pɛʃcír trúpi]
bucato (m)	larje (f)	[lárjɛ]
lavatrice (f)	makinë larëse (f)	[makínə lárəsɛ]

| fare il bucato | laj rroba | [laj róba] |
| detersivo (m) per il bucato | detergjent (m) | [dɛtɛrɟént] |

68. Elettrodomestici

televisore (m)	televizor (m)	[tɛlɛvizór]
registratore (m) a nastro	inçizues me shirit (m)	[intʃizúɛs mɛ ʃirít]
videoregistratore (m)	video regjistrues (m)	[vídɛo rɛɟistrúɛs]
radio (f)	radio (f)	[rádio]
lettore (m)	kasetofon (m)	[kasɛtofón]

videoproiettore (m)	projektor (m)	[projɛktór]
home cinema (m)	kinema shtëpie (f)	[kinɛmá ʃtəpíɛ]
lettore (m) DVD	DVD player (m)	[dividí plɛjər]
amplificatore (m)	amplifikator (m)	[amplifikatór]
console (f) video giochi	konsol video loje (m)	[konsól vídɛo lójɛ]

videocamera (f)	videokamerë (f)	[vidɛokamérə]
macchina (f) fotografica	aparat fotografik (m)	[aparát fotografík]
fotocamera (f) digitale	kamerë digjitale (f)	[kamérə diɟitálɛ]

aspirapolvere (m)	fshesë elektrike (f)	[fʃésə ɛlɛktríkɛ]
ferro (m) da stiro	hekur (m)	[hékur]
asse (f) da stiro	tryezë për hekurosje (f)	[tryézə pər hɛkurósjɛ]

telefono (m)	telefon (m)	[tɛlɛfón]
telefonino (m)	celular (m)	[tsɛlulár]
macchina (f) da scrivere	makinë shkrimi (f)	[makínə ʃkrími]
macchina (f) da cucire	makinë qepëse (f)	[makínə cépəsɛ]

microfono (m)	mikrofon (m)	[mikrofón]
cuffia (f)	kufje (f)	[kúfjɛ]
telecomando (m)	telekomandë (f)	[tɛlɛkomándə]

CD (m)	CD (f)	[tsɛdé]
cassetta (f)	kasetë (f)	[kasétə]
disco (m) (vinile)	pllakë gramafoni (f)	[pɫákə gramafóni]

ATTIVITÀ UMANA

Lavoro. Affari. Parte 1

69. Ufficio. Lavorare in ufficio

uffici (m pl) (gli ~ della società)	zyrë (f)	[zýrə]
ufficio (m)	zyrë (f)	[zýrə]
portineria (f)	recepsion (m)	[rɛtsɛpsión]
segretario (m)	sekretar (m)	[sɛkrɛtár]
segretaria (f)	sekretare (f)	[sɛkrɛtárɛ]
direttore (m)	drejtor (m)	[drɛjtór]
manager (m)	menaxher (m)	[mɛnadʒér]
contabile (m)	kontabilist (m)	[kontabilíst]
impiegato (m)	punonjës (m)	[punóɲəs]
mobili (m pl)	orendi (f)	[orɛndí]
scrivania (f)	tavolinë pune (f)	[tavolínə púnɛ]
poltrona (f)	karrige pune (f)	[karígɛ púnɛ]
cassettiera (f)	njësi sirtarësh (f)	[ɲəsí sirtárəʃ]
appendiabiti (m) da terra	varëse xhaketash (f)	[várəsɛ dʒakétaʃ]
computer (m)	kompjuter (m)	[kompjutér]
stampante (f)	printer (m)	[printér]
fax (m)	aparat faksi (m)	[aparát fáksi]
fotocopiatrice (f)	fotokopje (f)	[fotokópjɛ]
carta (f)	letër (f)	[létər]
cancelleria (f)	pajisje zyre (f)	[pajísjɛ zýrɛ]
tappetino (m) del mouse	shtroje e mausit (f)	[ʃtrójɛ ɛ máusit]
foglio (m)	fletë (f)	[flétə]
cartella (f)	dosje (f)	[dósjɛ]
catalogo (m)	katalog (m)	[katalóg]
elenco (m) del telefono	numerator telefonik (m)	[numɛratór tɛlɛfoník]
documentazione (f)	dokumentacion (m)	[dokumɛntatsión]
opuscolo (m)	broshurë (f)	[broʃúrə]
volantino (m)	fletëpalosje (f)	[flɛtəpalósjɛ]
campione (m)	mostër (f)	[móstər]
formazione (f)	takim trajnimi (m)	[takím trajními]
riunione (f)	takim (m)	[takím]
pausa (f) pranzo	pushim dreke (m)	[puʃím drékɛ]
copiare (vt)	bëj fotokopje	[bəj fotokópjɛ]
fare copie	shumëfishoj	[ʃuməfiʃój]
ricevere un fax	marr faks	[mar fáks]
spedire un fax	dërgoj faks	[dərgój fáks]

telefonare (vi, vt)	telefonoj	[tɛlɛfonój]
rispondere (vi, vt)	përgjigjem	[pərɟíɟɛm]
passare (glielo passo)	kaloj linjën	[kalój líɲən]
fissare (organizzare)	lë takim	[lə takím]
dimostrare (vt)	tregoj	[trɛgój]
essere assente	mungoj	[muŋój]
assenza (f)	mungesë (f)	[muŋésə]

70. Operazioni d'affari. Parte 1

attività (f)	biznes (m)	[biznés]
occupazione (f)	profesion (m)	[profɛsión]
ditta (f)	firmë (f)	[fírmə]
compagnia (f)	kompani (f)	[kompaní]
corporazione (f)	korporatë (f)	[korporátə]
impresa (f)	ndërmarrje (f)	[ndərmárjɛ]
agenzia (f)	agjenci (f)	[aɟɛntsí]
accordo (m)	marrëveshje (f)	[marəvéʃjɛ]
contratto (m)	kontratë (f)	[kontrátə]
affare (m)	marrëveshje (f)	[marəvéʃjɛ]
ordine (m) (ordinazione)	porosi (f)	[porosí]
termine (m) dell'accordo	kushte (f)	[kúʃtɛ]
all'ingrosso	me shumicë	[mɛ ʃumítsə]
all'ingrosso (agg)	me shumicë	[mɛ ʃumítsə]
vendita (f) all'ingrosso	me shumicë (f)	[mɛ ʃumítsə]
al dettaglio (agg)	me pakicë	[mɛ pakítsə]
vendita (f) al dettaglio	me pakicë (f)	[mɛ pakítsə]
concorrente (m)	konkurrent (m)	[konkurént]
concorrenza (f)	konkurrencë (f)	[konkuréntsə]
competere (vi)	konkurroj	[konkurój]
socio (m), partner (m)	ortak (m)	[orták]
partenariato (m)	partneritet (m)	[partnɛritét]
crisi (f)	krizë (f)	[krízə]
bancarotta (f)	falimentim (m)	[falimɛntím]
fallire (vi)	falimentoj	[falimɛntój]
difficoltà (f)	vështirësi (f)	[vəʃtirəsí]
problema (m)	problem (m)	[problém]
disastro (m)	katastrofë (f)	[katastrófə]
economia (f)	ekonomi (f)	[ɛkonomí]
economico (agg)	ekonomik	[ɛkonomík]
recessione (f) economica	recesion ekonomik (m)	[rɛtsɛsión ɛkonomík]
scopo (m), obiettivo (m)	qëllim (m)	[cəɬím]
incarico (m)	detyrë (f)	[dɛtýrə]
commerciare (vi)	tregtoj	[trɛgtój]
rete (f) (~ di distribuzione)	rrjet (m)	[rjét]

giacenza (f)	inventar (m)	[invɛntár]
assortimento (m)	gamë (f)	[gámə]

leader (m), capo (m)	lider (m)	[lidér]
grande (agg)	e madhe	[ɛ máðɛ]
monopolio (m)	monopol (m)	[monopól]

teoria (f)	teori (f)	[tɛorí]
pratica (f)	praktikë (f)	[praktíkə]
esperienza (f)	përvojë (f)	[pərvójə]
tendenza (f)	trend (m)	[trɛnd]
sviluppo (m)	zhvillim (m)	[ʒvitím]

71. Operazioni d'affari. Parte 2

profitto (m)	fitim (m)	[fitím]
profittevole (agg)	fitimprurës	[fitimprúrəs]

delegazione (f)	delegacion (m)	[dɛlɛgatsión]
stipendio (m)	pagë (f)	[págə]
correggere (vt)	korrigjoj	[koriɟój]
viaggio (m) d'affari	udhëtim pune (m)	[uðətím púnɛ]
commissione (f)	komision (m)	[komisión]

controllare (vt)	kontrolloj	[kontrotój]
conferenza (f)	konferencë (f)	[konfɛréntsə]
licenza (f)	licencë (f)	[litséntsə]
affidabile (agg)	i besueshëm	[i bɛsúɛʃəm]

iniziativa (f) (progetto nuovo)	nismë (f)	[nísmə]
norma (f)	normë (f)	[nórmə]
circostanza (f)	rrethanë (f)	[rɛθánə]
mansione (f)	detyrë (f)	[dɛtýrə]

impresa (f)	organizatë (f)	[organizátə]
organizzazione (f)	organizativ (m)	[organizatív]
organizzato (agg)	i organizuar	[i organizúar]
annullamento (m)	anulim (m)	[anulím]
annullare (vt)	anuloj	[anulój]
rapporto (m) (~ ufficiale)	raport (m)	[rapórt]

brevetto (m)	patentë (f)	[paténtə]
brevettare (vt)	patentoj	[patɛntój]
pianificare (vt)	planifikoj	[planifikój]

premio (m)	bonus (m)	[bonús]
professionale (agg)	profesional	[profɛsionál]
procedura (f)	procedurë (f)	[protsɛdúrə]

esaminare (~ un contratto)	shqyrtoj	[ʃcyrtój]
calcolo (m)	llogaritje (f)	[togarítjɛ]
reputazione (f)	reputacion (m)	[rɛputatsión]
rischio (m)	rrezik (m)	[rɛzík]
dirigere (~ un'azienda)	drejtoj	[drɛjtój]

Italiano	Albanese	Pronuncia
informazioni (f pl)	informacion (m)	[informatsión]
proprietà (f)	pronë (f)	[prónə]
unione (f) (~ Italiana Vini, ecc.)	bashkim (m)	[baʃkím]
assicurazione (f) sulla vita	sigurim jete (m)	[sigurím jétɛ]
assicurare (vt)	siguroj	[sigurój]
assicurazione (f)	sigurim (m)	[sigurím]
asta (f)	ankand (m)	[ankánd]
avvisare (informare)	njoftoj	[ɲoftój]
gestione (f)	menaxhim (m)	[mɛnadʒím]
servizio (m)	shërbim (m)	[ʃərbím]
forum (m)	forum (m)	[forúm]
funzionare (vi)	funksionoj	[funksionój]
stadio (m) (fase)	fazë (f)	[fázə]
giuridico (agg)	ligjor	[liɟór]
esperto (m) legale	avokat (m)	[avokát]

72. Attività produttiva. Lavori

stabilimento (m)	uzinë (f)	[uzínə]
fabbrica (f)	fabrikë (f)	[fabríkə]
officina (f) di produzione	punëtori (f)	[punətorí]
stabilimento (m)	punishte (f)	[puníʃtɛ]
industria (f)	industri (f)	[industrí]
industriale (agg)	industrial	[industriál]
industria (f) pesante	industri e rëndë (f)	[industrí ɛ rəndə]
industria (f) leggera	industri e lehtë (f)	[industrí ɛ léhtə]
prodotti (m pl)	produkt (m)	[prodúkt]
produrre (vt)	prodhoj	[proðój]
materia (f) prima	lëndë e parë (f)	[lə́ndə ɛ párə]
caposquadra (m)	përgjegjës (m)	[pərɟéɟəs]
squadra (f)	skuadër (f)	[skuádər]
operaio (m)	punëtor (m)	[punətór]
giorno (m) lavorativo	ditë pune (f)	[dítə púnɛ]
pausa (f)	pushim (m)	[puʃím]
riunione (f)	mbledhje (f)	[mbléðjɛ]
discutere (~ di un problema)	diskutoj	[diskutój]
piano (m)	plan (m)	[plan]
eseguire il piano	përmbush planin	[pərmbúʃ plánin]
tasso (m) di produzione	normë prodhimi (f)	[nórmə proðími]
qualità (f)	cilësi (f)	[tsiləsí]
controllo (m)	kontroll (m)	[kontrół]
controllo (m) di qualità	kontroll cilësie (m)	[kontrół tsiləsíɛ]
sicurezza (f) sul lavoro	siguri në punë (f)	[sigurí nə púnə]
disciplina (f)	disiplinë (f)	[disiplínə]

infrazione (f)	thyerje rregullash (f)	[θýɛrjɛ régułaʃ]
violare (~ le regole)	thyej rregullat	[θýɛj régułat]
sciopero (m)	grevë (f)	[grévə]
scioperante (m)	grevist (m)	[grɛvíst]
fare sciopero	jam në grevë	[jam nə grévə]
sindacato (m)	sindikatë punëtorësh (f)	[sindikátə punətórəʃ]
inventare (vt)	shpik	[ʃpik]
invenzione (f)	shpikje (f)	[ʃpíkjɛ]
ricerca (f)	kërkim (m)	[kərkím]
migliorare (vt)	përmirësoj	[pərmirəsój]
tecnologia (f)	teknologji (f)	[tɛknoloɟí]
disegno (m) tecnico	vizatim teknik (m)	[vizatím tɛkník]
carico (m)	ngarkesë (f)	[ŋarkésə]
caricatore (m)	ngarkues (m)	[ŋarkúɛs]
caricare (~ un camion)	ngarkoj	[ŋarkój]
caricamento (m)	ngarkimi	[ŋarkími]
scaricare (vt)	shkarkoj	[ʃkarkój]
scarico (m)	shkarkim (m)	[ʃkarkím]
trasporto (m)	transport (m)	[transpórt]
società (f) di trasporti	agjenci transporti (f)	[aɟɛntsí transpórti]
trasportare (vt)	transportoj	[transportój]
vagone (m) merci	vagon mallrash (m)	[vagón mátraʃ]
cisterna (f)	cisternë (f)	[tsistérnə]
camion (m)	kamion (m)	[kamión]
macchina (f) utensile	makineri veglash (f)	[makinɛrí vɛgláʃ]
meccanismo (m)	mekanizëm (m)	[mɛkanízəm]
rifiuti (m pl) industriali	mbetje industriale (f)	[mbétjɛ industriálɛ]
imballaggio (m)	paketim (m)	[pakɛtím]
imballare (vt)	paketoj	[pakɛtój]

73. Contratto. Accordo

contratto (m)	kontratë (f)	[kontrátə]
accordo (m)	marrëveshje (f)	[marəvéʃjɛ]
allegato (m)	shtojcë (f)	[ʃtójtsə]
firmare un contratto	nënshkruaj një kontratë	[nənʃkrúaj ɲə kontrátə]
firma (f)	nënshkrim (m)	[nənʃkrím]
firmare (vt)	nënshkruaj	[nənʃkrúaj]
timbro (m) (su documenti)	vulë (f)	[vúlə]
oggetto (m) del contratto	objekt i kontratës (m)	[objékt i kontrátəs]
clausola (f)	kusht (m)	[kuʃt]
parti (f pl) (in un contratto)	palët (m)	[pálət]
sede (f) legale	adresa zyrtare (f)	[adrésa zyrtárɛ]
sciogliere un contratto	mosrespektim kontrate	[mosrɛspɛktím kontrátɛ]
obbligo (m)	detyrim (m)	[dɛtyrím]

responsabilità (f)	përgjegjësi (f)	[pərɟeɟəsí]
forza (f) maggiore	forcë madhore (f)	[fórtsə maðóre]
discussione (f)	mosmarrëveshje (f)	[mosmarəvéʃje]
sanzioni (f pl)	ndëshkime (pl)	[ndəʃkíme]

74. Import-export

importazione (f)	import (m)	[impórt]
importatore (m)	importues (m)	[importúes]
importare (vt)	importoj	[importój]
d'importazione (agg)	i importuar	[i importúar]
esportazione (f)	eksport (m)	[ɛksport]
esportatore (m)	eksportues (m)	[ɛksportúes]
esportare (vt)	eksportoj	[ɛksportój]
d'esportazione (agg)	i eksportuar	[i ɛksportúar]
merce (f)	mallra (pl)	[máɫra]
carico (m)	ngarkesë (f)	[ŋarkésə]
peso (m)	peshë (f)	[péʃə]
volume (m)	vëllim (m)	[vəɫím]
metro (m) cubo	metër kub (m)	[métər kúb]
produttore (m)	prodhues (m)	[proðúes]
società (f) di trasporti	agjenci transporti (f)	[aɟɛntsí transpórti]
container (m)	kontejner (m)	[kontɛjnér]
frontiera (f)	kufi (m)	[kufí]
dogana (f)	doganë (f)	[dogánə]
dazio (m) doganale	taksë doganore (f)	[táksə doganóre]
doganiere (m)	doganier (m)	[doganiér]
contrabbando (m)	trafikim (m)	[trafikím]
merci (f pl) contrabbandate	kontrabandë (f)	[kontrabándə]

75. Mezzi finanziari

azione (f)	stok (m)	[stok]
obbligazione (f)	certifikatë valutore (f)	[tsɛrtifikátə valutóre]
cambiale (f)	letër me vlerë (f)	[létər mɛ vlérə]
borsa (f)	bursë (f)	[búrsə]
quotazione (f)	çmimi i stokut (m)	[tʃmími i stókut]
diminuire di prezzo	ulet	[úlɛt]
aumentare di prezzo	rritet	[rítɛt]
quota (f)	kuotë (f)	[kuótə]
pacchetto (m) di maggioranza	përqindje kontrolluese (f)	[pərcíndje kontroɫúese]
investimento (m)	investim (m)	[invɛstím]
investire (vt)	investoj	[invɛstój]

percento (m)	përqindje (f)	[pərcíndjɛ]
interessi (m pl) (su investimenti)	interes (m)	[intɛrés]

profitto (m)	fitim (m)	[fitím]
redditizio (agg)	fitimprurës	[fitimprúrəs]
imposta (f)	taksë (f)	[táksə]

valuta (f) (~ estera)	valutë (f)	[valútə]
nazionale (agg)	kombëtare	[kombətárɛ]
cambio (m) (~ valuta)	këmbim valute (m)	[kəmbím valútɛ]

contabile (m)	kontabilist (m)	[kontabilíst]
ufficio (m) contabilità	kontabilitet (m)	[kontabilitét]

bancarotta (f)	falimentim (m)	[falimɛntím]
fallimento (m)	kolaps (m)	[koláps]
rovina (f)	rrënim (m)	[rəním]
andare in rovina	rrënohem	[rənóhɛm]
inflazione (f)	inflacion (m)	[inflatsión]
svalutazione (f)	zhvlerësim (m)	[ʒvlɛrəsím]

capitale (m)	kapital (m)	[kapitál]
reddito (m)	të ardhura (f)	[tə árðura]
giro (m) di affari	qarkullim (m)	[carkutím]
risorse (f pl)	burime (f)	[burímɛ]
mezzi (m pl) finanziari	burime monetare (f)	[burímɛ monɛtárɛ]

spese (f pl) generali	shpenzime bazë (f)	[ʃpɛnzímɛ bázə]
ridurre (~ le spese)	zvogëloj	[zvogəlój]

76. Marketing

marketing (m)	marketing (m)	[markɛtíŋ]
mercato (m)	treg (m)	[trɛg]
segmento (m) di mercato	segment tregu (m)	[sɛgmént trégu]
prodotto (m)	produkt (m)	[prodúkt]
merce (f)	mallra (pl)	[mátra]

marca (f)	markë (f)	[márkə]
marchio (m) di fabbrica	markë tregtare (f)	[márkə trɛgtárɛ]
logotipo (m)	logo (f)	[lógo]
logo (m)	logo (f)	[lógo]

domanda (f)	kërkesë (f)	[kərkésə]
offerta (f)	furnizim (m)	[furnizím]
bisogno (m)	nevojë (f)	[nɛvójə]
consumatore (m)	konsumator (m)	[konsumatór]

analisi (f)	analizë (f)	[analízə]
analizzare (vt)	analizoj	[analizój]
posizionamento (m)	vendosje (f)	[vɛndósjɛ]
posizionare (vt)	vendos	[vɛndós]
prezzo (m)	çmim (m)	[tʃmím]

politica (f) dei prezzi　　politikë e çmimeve (f)　　[polítíkə ɛ tʃmímɛvɛ]
determinazione (f) dei prezzi　　formim i çmimit (m)　　[formím i tʃmímit]

77. Pubblicità

pubblicità (f)	reklamë (f)	[rɛklámə]
pubblicizzare (vt)	reklamoj	[rɛklamój]
bilancio (m) (budget)	buxhet (m)	[budʒét]
annuncio (m)	reklamë (f)	[rɛklámə]
pubblicità (f) televisiva	reklamë televizive (f)	[rɛklámə tɛlɛvizívɛ]
pubblicità (f) radiofonica	reklamë në radio (f)	[rɛklámə nə rádio]
pubblicità (f) esterna	reklamë ambientale (f)	[rɛklámə ambiɛntálɛ]
mass media (m pl)	masmedia (f)	[masmédia]
periodico (m)	botim periodik (m)	[botím pɛriodík]
immagine (f)	imazh (m)	[imáʒ]
slogan (m)	slogan (m)	[slogán]
motto (m)	moto (f)	[móto]
campagna (f)	fushatë (f)	[fuʃátə]
campagna (f) pubblicitaria	fushatë reklamuese (f)	[fuʃátə rɛklamúɛsɛ]
gruppo (m) di riferimento	grup i synuar (m)	[grup i synúar]
biglietto (m) da visita	kartëvizitë (f)	[kartəvizítə]
volantino (m)	fletëpalosje (f)	[flɛtəpalósjɛ]
opuscolo (m)	broshurë (f)	[broʃúrə]
pieghevole (m)	pamflet (m)	[pamflét]
bollettino (m)	buletin (m)	[bulɛtín]
insegna (f) (di negozi, ecc.)	tabelë (f)	[tabélə]
cartellone (m)	poster (m)	[postér]
tabellone (m) pubblicitario	tabelë reklamash (f)	[tabélə rɛklámaʃ]

78. Attività bancaria

banca (f)	bankë (f)	[bánkə]
filiale (f)	degë (f)	[dégə]
consulente (m)	punonjës banke (m)	[punóɲəs bánkɛ]
direttore (m)	drejtor (m)	[drɛjtór]
conto (m) bancario	llogari bankare (f)	[ɫogarí bankárɛ]
numero (m) del conto	numër llogarie (m)	[númər ɫogaríɛ]
conto (m) corrente	llogari rrjedhëse (f)	[ɫogarí rjéðəsɛ]
conto (m) di risparmio	llogari kursimesh (f)	[ɫogarí kursímɛʃ]
aprire un conto	hap një llogari	[hap ɲə ɫogarí]
chiudere il conto	mbyll një llogari	[mbýɫ ɲə ɫogarí]
versare sul conto	depozitoj në llogari	[dɛpozitój nə ɫogarí]
prelevare dal conto	tërheq	[tərhéc]

deposito (m)	depozitë (f)	[dɛpozítə]
depositare (vt)	kryej një depozitim	[krýɛj ɲə dɛpozitím]
trasferimento (m) telegrafico	transfer bankar (m)	[transfɛ́r bankár]
rimettere i soldi	transferoj para	[transfɛrój pará]
somma (f)	shumë (f)	[ʃúmə]
Quanto?	Sa?	[sa?]
firma (f)	nënshkrim (m)	[nənʃkrím]
firmare (vt)	nënshkruaj	[nənʃkrúaj]
carta (f) di credito	kartë krediti (f)	[kártə krɛdíti]
codice (m)	kodi PIN (m)	[kódi pin]
numero (m) della carta di credito	numri i kartës së kreditit (m)	[númri i kártəs sə krɛdítit]
bancomat (m)	bankomat (m)	[bankomát]
assegno (m)	çek (m)	[tʃɛk]
emettere un assegno	lëshoj një çek	[ləʃój ɲə tʃék]
libretto (m) di assegni	bllok çeqesh (m)	[bɫók tʃécɛʃ]
prestito (m)	kredi (f)	[krɛdí]
fare domanda per un prestito	aplikoj për kredi	[aplikój pər krɛdí]
ottenere un prestito	marr kredi	[mar krɛdí]
concedere un prestito	jap kredi	[jap krɛdí]
garanzia (f)	garanci (f)	[garantsí]

79. Telefono. Conversazione telefonica

telefono (m)	telefon (m)	[tɛlɛfón]
telefonino (m)	celular (m)	[tsɛlulár]
segreteria (f) telefonica	sekretari telefonike (f)	[sɛkrɛtarí tɛlɛfoníkɛ]
telefonare (vi, vt)	telefonoj	[tɛlɛfonój]
chiamata (f)	telefonatë (f)	[tɛlɛfonátə]
comporre un numero	i bie numrit	[i bíɛ númrit]
Pronto!	Përshëndetje!	[pərʃəndétjɛ!]
chiedere (domandare)	pyes	[pýɛs]
rispondere (vi, vt)	përgjigjem	[pərɟíɟɛm]
udire (vt)	dëgjoj	[dəɟój]
bene	mirë	[mírə]
male	jo mirë	[jo mírə]
disturbi (m pl)	zhurmë (f)	[ʒúrmə]
cornetta (f)	marrës (m)	[márəs]
alzare la cornetta	ngre telefonin	[ŋré tɛlɛfónin]
riattaccare la cornetta	mbyll telefonin	[mbýɫ tɛlɛfónin]
occupato (agg)	i zënë	[i zə́nə]
squillare (del telefono)	bie zilja	[bíɛ zílja]
elenco (m) telefonico	numerator telefonik (m)	[numɛratór tɛlɛfoník]
locale (agg)	lokale	[lokálɛ]

telefonata (f) urbana	thirrje lokale (f)	[θírjɛ lokálɛ]
interurbano (agg)	distancë e largët	[distántsə ɛ lárgət]
telefonata (f) interurbana	thirrje në distancë (f)	[θírjɛ nə distántsə]
internazionale (agg)	ndërkombëtar	[ndərkombətár]
telefonata (f) internazionale	thirrje ndërkombëtare (f)	[θírjɛ ndərkombətárɛ]

80. Telefono cellulare

telefonino (m)	celular (m)	[tsɛlulár]
schermo (m)	ekran (m)	[ɛkrán]
tasto (m)	buton (m)	[butón]
scheda SIM (f)	karta SIM (m)	[kárta sim]

pila (f)	bateri (f)	[batɛrí]
essere scarico	e shkarkuar	[ɛ ʃkarkúar]
caricabatteria (m)	karikues (m)	[karikúɛs]

menù (m)	menu (f)	[mɛnú]
impostazioni (f pl)	parametra (f)	[paramétra]
melodia (f)	melodi (f)	[mɛlodí]
scegliere (vt)	përzgjedh	[pərzɟéð]

calcolatrice (f)	makinë llogaritëse (f)	[makínə ɫogarítəsɛ]
segreteria (f) telefonica	postë zanore (f)	[póstə zanórɛ]
sveglia (f)	alarm (m)	[alárm]
contatti (m pl)	kontakte (pl)	[kontáktɛ]

messaggio (m) SMS	SMS (m)	[ɛsɛmɛs]
abbonato (m)	abonent (m)	[abonént]

81. Articoli di cancelleria

penna (f) a sfera	stilolaps (m)	[stiloláps]
penna (f) stilografica	stilograf (m)	[stilográf]

matita (f)	laps (m)	[láps]
evidenziatore (m)	shënjues (m)	[ʃənúɛs]
pennarello (m)	tushë me bojë (f)	[túʃə mɛ bójə]

taccuino (m)	bllok shënimesh (m)	[bɫók ʃəními mɛʃ]
agenda (f)	agjendë (f)	[aɟéndə]

righello (m)	vizore (f)	[vizórɛ]
calcolatrice (f)	makinë llogaritëse (f)	[makínə ɫogarítəsɛ]
gomma (f) per cancellare	gomë (f)	[gómə]
puntina (f)	pineskë (f)	[pinéskə]
graffetta (f)	kapëse fletësh (f)	[kápəsɛ flétəʃ]

colla (f)	ngjitës (m)	[nɟítəs]
pinzatrice (f)	ngjitës metalik (m)	[nɟítəs mɛtalík]
perforatrice (f)	hapës vrimash (m)	[hápəs vrímaʃ]
temperamatite (m)	mprehëse lapsash (m)	[mpréhəsɛ lápsaʃ]

82. Generi di attività commerciali

servizi (m pl) di contabilità	kontabilitet (m)	[kontabilitét]
pubblicità (f)	reklamë (f)	[rɛklámə]
agenzia (f) pubblicitaria	agjenci reklamash (f)	[aɟɛntsí rɛklámaʃ]
condizionatori (m pl) d'aria	kondicioner (m)	[konditsionér]
compagnia (f) aerea	kompani ajrore (f)	[kompaní ajrórɛ]
bevande (f pl) alcoliche	pije alkoolike (pl)	[píjɛ alkoólikɛ]
antiquariato (m)	antikitete (pl)	[antikitétɛ]
galleria (f) d'arte	galeri e artit (f)	[galɛrí ɛ ártit]
società (f) di revisione contabile	shërbime auditimi (pl)	[ʃərbímɛ auditími]
imprese (f pl) bancarie	industri bankare (f)	[industrí bankárɛ]
bar (m)	lokal (m)	[lokál]
salone (m) di bellezza	sallon bukurie (m)	[saɫón bukuríɛ]
libreria (f)	librari (f)	[librarí]
birreria (f)	birrari (f)	[birarí]
business centre (m)	qendër biznesi (f)	[céndər biznési]
scuola (f) di commercio	shkollë biznesi (f)	[ʃkóɫə biznési]
casinò (m)	kazino (f)	[kazíno]
edilizia (f)	ndërtim (m)	[ndərtím]
consulenza (f)	konsulencë (f)	[konsuléntsə]
odontoiatria (f)	klinikë dentare (f)	[kliníkə dɛntárɛ]
design (m)	dizajn (m)	[dizájn]
farmacia (f)	farmaci (f)	[farmatsí]
lavanderia (f) a secco	pastrim kimik (m)	[pastrím kimík]
agenzia (f) di collocamento	agjenci punësimi (f)	[aɟɛntsí punəsími]
servizi (m pl) finanziari	shërbime financiare (pl)	[ʃərbímɛ finantsiárɛ]
industria (f) alimentare	mallra ushqimore (f)	[máɫra uʃcimórɛ]
agenzia (f) di pompe funebri	agjenci funeralesh (f)	[aɟɛntsí funɛrálɛʃ]
mobili (m pl)	orendi (f)	[orɛndí]
abbigliamento (m)	rroba (f)	[róba]
albergo, hotel (m)	hotel (m)	[hotél]
gelato (m)	akullore (f)	[akuɫórɛ]
industria (f)	industri (f)	[industrí]
assicurazione (f)	sigurim (m)	[sigurím]
internet (f)	internet (m)	[intɛrnét]
investimenti (m pl)	investim (m)	[invɛstím]
gioielliere (m)	argjendar (m)	[arɟɛndár]
gioielli (m pl)	bizhuteri (f)	[biʒutɛrí]
lavanderia (f)	lavanteri (f)	[lavantɛrí]
consulente (m) legale	këshilltar ligjor (m)	[kəʃiɫtár liɟór]
industria (f) leggera	industri e lehtë (f)	[industrí ɛ léhtə]
rivista (f)	revistë (f)	[rɛvístə]
vendite (f pl) per corrispondenza	shitje me katalog (f)	[ʃítjɛ mɛ katalóg]
medicina (f)	mjekësi (f)	[mjɛkəsí]

Italian	Albanese	Pronuncia
cinema (m)	kinema (f)	[kinɛmá]
museo (m)	muze (m)	[muzé]
agenzia (f) di stampa	agjenci lajmesh (f)	[aɟɛntsí lájmɛʃ]
giornale (m)	gazetë (f)	[gazétə]
locale notturno (m)	klub nate (m)	[klúb nátɛ]
petrolio (m)	naftë (f)	[náftə]
corriere (m) espresso	shërbime postare (f)	[ʃərbímɛ postárɛ]
farmaci (m pl)	industria farmaceutike (f)	[industría farmatsɛutíkɛ]
stampa (f) (~ di libri)	shtyp (m)	[ʃtyp]
casa (f) editrice	shtëpi botuese (f)	[ʃtəpí botúɛsɛ]
radio (f)	radio (f)	[rádio]
beni (m pl) immobili	patundshmëri (f)	[patundʃmərí]
ristorante (m)	restorant (m)	[rɛstoránt]
agenzia (f) di sicurezza	kompani sigurimi (f)	[kompaní sigurími]
sport (m)	sport (m)	[sport]
borsa (f)	bursë (f)	[búrsə]
negozio (m)	dyqan (m)	[dycán]
supermercato (m)	supermarket (m)	[supɛrmarkét]
piscina (f)	pishinë (f)	[piʃínə]
sartoria (f)	rrobaqepësi (f)	[robacɛpəsí]
televisione (f)	televizor (m)	[tɛlɛvizór]
teatro (m)	teatër (m)	[tɛátər]
commercio (m)	tregti (f)	[trɛgtí]
mezzi (m pl) di trasporto	transport (m)	[transpórt]
viaggio (m)	udhëtim (m)	[uðətím]
veterinario (m)	veteriner (m)	[vɛtɛrinér]
deposito, magazzino (m)	magazinë (f)	[magazínə]
trattamento (m) dei rifiuti	mbledhja e mbeturinave (f)	[mbléðja ɛ mbɛturínavɛ]

Lavoro. Affari. Parte 2

83. Spettacolo. Mostra

fiera (f)	ekspozitë (f)	[ɛkspozítə]
fiera (f) campionaria	panair (m)	[panaír]
partecipazione (f)	pjesëmarrje (f)	[pjɛsəmárjɛ]
partecipare (vi)	marr pjesë	[mar pjésə]
partecipante (m)	pjesëmarrës (m)	[pjɛsəmárəs]
direttore (m)	drejtor (m)	[drɛjtór]
ufficio (m) organizzativo	zyra drejtuese (f)	[zýra drɛjtúɛsɛ]
organizzatore (m)	organizator (m)	[organizatór]
organizzare (vt)	organizoj	[organizój]
domanda (f) di partecipazione	kërkesë për pjesëmarrje (f)	[kərkésə pər pjɛsəmárjɛ]
riempire (vt)	plotësoj	[plotəsój]
dettagli (m pl)	hollësi (pl)	[hoɫəsí]
informazione (f)	informacion (m)	[informatsión]
prezzo (m)	çmim (m)	[tʃmím]
incluso (agg)	përfshirë	[pərfʃírə]
includere (vt)	përfshij	[pərfʃíj]
pagare (vi, vt)	paguaj	[pagúaj]
quota (f) d'iscrizione	taksa e regjistrimit (f)	[táksa ɛ rɛɟistrímit]
entrata (f)	hyrje (f)	[hýrjɛ]
padiglione (m)	pavijon (m)	[pavijón]
registrare (vt)	regjistroj	[rɛɟistrój]
tesserino (m)	kartë identifikimi (f)	[kártə idɛntifikími]
stand (m)	kioskë (f)	[kióskə]
prenotare (riservare)	rezervoj	[rɛzɛrvój]
vetrina (f)	vitrinë (f)	[vitrínə]
faretto (m)	dritë (f)	[drítə]
design (m)	dizajn (m)	[dizájn]
collocare (vt)	vendos	[vɛndós]
collocarsi (vr)	vendosur	[vɛndósur]
distributore (m)	distributor (m)	[distributór]
fornitore (m)	furnitor (m)	[furnitór]
fornire (vt)	furnizoj	[furnizój]
paese (m)	shtet (m)	[ʃtɛt]
straniero (agg)	huaj	[húaj]
prodotto (m)	produkt (m)	[prodúkt]
associazione (f)	shoqatë (f)	[ʃocátə]
sala (f) conferenze	sallë konference (f)	[sáɫə konfɛréntsɛ]

congresso (m)	kongres (m)	[koŋrés]
concorso (m)	konkurs (m)	[konkúrs]
visitatore (m)	vizitor (m)	[vizitór]
visitare (vt)	vizitoj	[vizitój]
cliente (m)	klient (m)	[kliént]

84. Scienza. Ricerca. Scienziati

scienza (f)	shkencë (f)	[ʃkéntsə]
scientifico (agg)	shkencore	[ʃkɛntsórɛ]
scienziato (m)	shkencëtar (m)	[ʃkɛntsətár]
teoria (f)	teori (f)	[tɛorí]
assioma (m)	aksiomë (f)	[aksiómə]
analisi (f)	analizë (f)	[analízə]
analizzare (vt)	analizoj	[analizój]
argomento (m)	argument (m)	[argumént]
sostanza, materia (f)	substancë (f)	[substántsə]
ipotesi (f)	hipotezë (f)	[hipotézə]
dilemma (m)	dilemë (f)	[dilémə]
tesi (f)	disertacion (m)	[disɛrtatsión]
dogma (m)	dogma (f)	[dógma]
dottrina (f)	doktrinë (f)	[doktrínə]
ricerca (f)	kërkim (m)	[kərkím]
fare ricerche	kërkoj	[kərkój]
prova (f)	analizë (f)	[analízə]
laboratorio (m)	laborator (m)	[laboratór]
metodo (m)	metodë (f)	[mɛtódə]
molecola (f)	molekulë (f)	[molɛkúlə]
monitoraggio (m)	monitorim (m)	[monitorím]
scoperta (f)	zbulim (m)	[zbulím]
postulato (m)	postulat (m)	[postulát]
principio (m)	parim (m)	[parím]
previsione (f)	parashikim (m)	[paraʃikím]
fare previsioni	parashikoj	[paraʃikój]
sintesi (f)	sintezë (f)	[sintézə]
tendenza (f)	trend (m)	[trɛnd]
teorema (m)	teoremë (f)	[tɛorémə]
insegnamento (m)	mësim (m)	[məsím]
fatto (m)	fakt (m)	[fakt]
spedizione (f)	ekspeditë (f)	[ɛkspɛdítə]
esperimento (m)	eksperiment (m)	[ɛkspɛrimént]
accademico (m)	akademik (m)	[akadɛmík]
laureato (m)	baçelor (m)	[bátʃɛlor]
dottore (m)	doktor shkencash (m)	[doktór ʃkéntsaʃ]
professore (m) associato	Profesor i Asociuar (m)	[profɛsór i asotsiúar]

Master (m)	**Master** (m)	[mastér]
professore (m)	**profesor** (m)	[profɛsór]

Professioni e occupazioni

85. Ricerca di un lavoro. Licenziamento

lavoro (m)	punë (f)	[púnə]
organico (m)	staf (m)	[staf]
personale (m)	personel (m)	[pɛrsonél]
carriera (f)	karrierë (f)	[kariérə]
prospettiva (f)	mundësi (f)	[mundəsí]
abilità (f pl)	aftësi (f)	[aftəsí]
selezione (f) (~ del personale)	përzgjedhje (f)	[pərʒéðjɛ]
agenzia (f) di collocamento	agjenci punësimi (f)	[aɟɛntsí punəsími]
curriculum vitae (f)	resume (f)	[rɛsumé]
colloquio (m)	intervistë punësimi (f)	[intɛrvístə punəsími]
posto (m) vacante	vend i lirë pune (m)	[vɛnd i lírə púnɛ]
salario (m)	rrogë (f)	[rógə]
stipendio (m) fisso	rrogë fikse (f)	[rógə fíksɛ]
compenso (m)	pagesë (f)	[pagésə]
carica (f), funzione (f)	post (m)	[post]
mansione (f)	detyrë (f)	[dɛtýrə]
mansioni (f pl) di lavoro	lista e detyrave (f)	[lísta ɛ dɛtýravɛ]
occupato (agg)	i zënë	[i zénə]
licenziare (vt)	pushoj nga puna	[puʃój ŋa púna]
licenziamento (m)	pushim nga puna (m)	[puʃím ŋa púna]
disoccupazione (f)	papunësi (m)	[papunəsí]
disoccupato (m)	i papunë (m)	[i papúnə]
pensionamento (m)	pension (m)	[pɛnsión]
andare in pensione	dal në pension	[dál nə pɛnsión]

86. Gente d'affari

direttore (m)	drejtor (m)	[drɛjtór]
dirigente (m)	drejtor (m)	[drɛjtór]
capo (m)	bos (m)	[bos]
superiore (m)	epror (m)	[ɛprór]
capi (m pl)	eprorët (pl)	[ɛprórət]
presidente (m)	president (m)	[prɛsidént]
presidente (m) (impresa)	kryetar (m)	[kryɛtár]
vice (m)	zëvendës (m)	[zəvéndəs]
assistente (m)	ndihmës (m)	[ndíhməs]

segretario (m)	sekretar (m)	[sɛkrɛtár]
assistente (m) personale	ndihmës personal (m)	[ndíhməs pɛrsonál]
uomo (m) d'affari	biznesmen (m)	[biznɛsmén]
imprenditore (m)	sipërmarrës (m)	[sipərmárəs]
fondatore (m)	themelues (m)	[θɛmɛlúɛs]
fondare (vt)	themeloj	[θɛmɛlój]
socio (m)	bashkëthemelues (m)	[baʃkəθɛmɛlúɛs]
partner (m)	partner (m)	[partnér]
azionista (m)	aksioner (m)	[aksionér]
milionario (m)	milioner (m)	[milionér]
miliardario (m)	bilioner (m)	[bilionér]
proprietario (m)	pronar (m)	[pronár]
latifondista (m)	pronar tokash (m)	[pronár tókaʃ]
cliente (m) (di professionista)	klient (m)	[kliént]
cliente (m) abituale	klient i rregullt (m)	[kliént i régułt]
compratore (m)	blerës (m)	[blérəs]
visitatore (m)	vizitor (m)	[vizitór]
professionista (m)	profesionist (m)	[profɛsioníst]
esperto (m)	ekspert (m)	[ɛkspért]
specialista (m)	specialist (m)	[spɛtsialíst]
banchiere (m)	bankier (m)	[bankiér]
broker (m)	komisioner (m)	[komisionér]
cassiere (m)	arkëtar (m)	[arkətár]
contabile (m)	kontabilist (m)	[kontabilíst]
guardia (f) giurata	roje sigurimi (m)	[rójɛ sigurími]
investitore (m)	investitor (m)	[invɛstitór]
debitore (m)	debitor (m)	[dɛbitór]
creditore (m)	kreditor (m)	[krɛditór]
mutuatario (m)	huamarrës (m)	[huamárəs]
importatore (m)	importues (m)	[importúɛs]
esportatore (m)	eksportues (m)	[ɛksportúɛs]
produttore (m)	prodhues (m)	[proðúɛs]
distributore (m)	distributor (m)	[distributór]
intermediario (m)	ndërmjetës (m)	[ndərmjétəs]
consulente (m)	këshilltar (m)	[kəʃiłtár]
rappresentante (m)	përfaqësues i shitjeve (m)	[pərfacəsúɛs i ʃitjévɛ]
agente (m)	agjent (m)	[aɟént]
assicuratore (m)	agjent sigurimesh (m)	[aɟént sigurímɛʃ]

87. Professioni amministrative

cuoco (m)	kuzhinier (m)	[kuʒiniér]
capocuoco (m)	shef kuzhine (m)	[ʃɛf kuʒínɛ]

fornaio (m)	furrtar (m)	[furtár]
barista (m)	banakier (m)	[banakiér]
cameriere (m)	kamerier (m)	[kamɛriér]
cameriera (f)	kameriere (f)	[kamɛriérɛ]

avvocato (m)	avokat (m)	[avokát]
esperto (m) legale	jurist (m)	[juríst]
notaio (m)	noter (m)	[notér]

elettricista (m)	elektricist (m)	[ɛlɛktritsíst]
idraulico (m)	hidraulik (m)	[hidraulík]
falegname (m)	marangoz (m)	[maraŋóz]

massaggiatore (m)	masazhist (m)	[masaʒíst]
massaggiatrice (f)	masazhiste (f)	[masaʒístɛ]
medico (m)	mjek (m)	[mjék]

taxista (m)	shofer taksie (m)	[ʃofér taksíɛ]
autista (m)	shofer (m)	[ʃofér]
fattorino (m)	postier (m)	[postiér]

cameriera (f)	pastruese (f)	[pastrúɛsɛ]
guardia (f) giurata	roje sigurimi (m)	[rójɛ sigurími]
hostess (f)	stjuardesë (f)	[stjuardésə]

insegnante (m, f)	mësues (m)	[məsúɛs]
bibliotecario (m)	punonjës biblioteke (m)	[punóɲəs bibliotékɛ]
traduttore (m)	përkthyes (m)	[pərkθýɛs]
interprete (m)	përkthyes (m)	[pərkθýɛs]
guida (f)	udhërrëfyes (m)	[uðərəfýɛs]

parrucchiere (m)	parukiere (f)	[parukiérɛ]
postino (m)	postier (m)	[postiér]
commesso (m)	shitës (m)	[ʃítəs]

giardiniere (m)	kopshtar (m)	[kopʃtár]
domestico (m)	shërbëtor (m)	[ʃərbətór]
domestica (f)	shërbëtore (f)	[ʃərbətórɛ]
donna (f) delle pulizie	pastruese (f)	[pastrúɛsɛ]

88. Professioni militari e gradi

soldato (m) semplice	ushtar (m)	[uʃtár]
sergente (m)	rreshter (m)	[rɛʃtér]
tenente (m)	toger (m)	[togér]
capitano (m)	kapiten (m)	[kapitén]

maggiore (m)	major (m)	[majór]
colonnello (m)	kolonel (m)	[kolonél]
generale (m)	gjeneral (m)	[ɟenɛrál]
maresciallo (m)	marshall (m)	[marʃáɫ]
ammiraglio (m)	admiral (m)	[admirál]
militare (m)	ushtri (f)	[uʃtrí]
soldato (m)	ushtar (m)	[uʃtár]

ufficiale (m)	oficer (m)	[ofitsér]
comandante (m)	komandant (m)	[komandánt]
guardia (f) di frontiera	roje kufiri (m)	[rójɛ kufíri]
marconista (m)	radist (m)	[radíst]
esploratore (m)	eksplorues (m)	[ɛksplorúɛs]
geniere (m)	xhenier (m)	[dʒɛniér]
tiratore (m)	shënjues (m)	[ʃəɲúɛs]
navigatore (m)	navigues (m)	[navigúɛs]

89. Funzionari. Sacerdoti

re (m)	mbret (m)	[mbrét]
regina (f)	mbretëreshë (f)	[mbrɛtəréʃə]
principe (m)	princ (m)	[prints]
principessa (f)	princeshë (f)	[printséʃə]
zar (m)	car (m)	[tsár]
zarina (f)	carina (f)	[tsarína]
presidente (m)	president (m)	[prɛsidént]
ministro (m)	ministër (m)	[minístər]
primo ministro (m)	kryeministër (m)	[kryɛminístər]
senatore (m)	senator (m)	[sɛnatór]
diplomatico (m)	diplomat (m)	[diplomát]
console (m)	konsull (m)	[kónsuɫ]
ambasciatore (m)	ambasador (m)	[ambasadór]
consigliere (m)	këshilltar diplomatik (m)	[kəʃiɫtár diplomatík]
funzionario (m)	zyrtar (m)	[zyrtár]
prefetto (m)	prefekt (m)	[prɛfékt]
sindaco (m)	kryetar komune (m)	[kryɛtár komúnɛ]
giudice (m)	gjykatës (m)	[ɟykátəs]
procuratore (m)	prokuror (m)	[prokurór]
missionario (m)	misionar (m)	[misionár]
monaco (m)	murg (m)	[murg]
abate (m)	abat (m)	[abát]
rabbino (m)	rabin (m)	[rabín]
visir (m)	vezir (m)	[vɛzír]
scià (m)	shah (m)	[ʃah]
sceicco (m)	sheik (m)	[ʃéik]

90. Professioni agricole

apicoltore (m)	bletar (m)	[blɛtár]
pastore (m)	bari (m)	[barí]
agronomo (m)	agronom (m)	[agronóm]

| allevatore (m) di bestiame | rritës bagëtish (m) | [rítəs bagətíʃ] |
| veterinario (m) | veteriner (m) | [vɛtɛrinér] |

fattore (m)	fermer (m)	[fɛrmér]
vinificatore (m)	prodhues verërash (m)	[proðúɛs vérəraʃ]
zoologo (m)	zoolog (m)	[zoológ]
cowboy (m)	lopar (m)	[lopár]

91. Professioni artistiche

| attore (m) | aktor (m) | [aktór] |
| attrice (f) | aktore (f) | [aktórɛ] |

| cantante (m) | këngëtar (m) | [kəŋətár] |
| cantante (f) | këngëtare (f) | [kəŋətárɛ] |

| danzatore (m) | valltar (m) | [vaɫtár] |
| ballerina (f) | valltare (f) | [vaɫtárɛ] |

| artista (m) | artist (m) | [artíst] |
| artista (f) | artiste (f) | [artístɛ] |

musicista (m)	muzikant (m)	[muzikánt]
pianista (m)	pianist (m)	[pianíst]
chitarrista (m)	kitarist (m)	[kitaríst]

direttore (m) d'orchestra	dirigjent (m)	[diriɟént]
compositore (m)	kompozitor (m)	[kompozitór]
impresario (m)	organizator (m)	[organizatór]

regista (m)	regjisor (m)	[rɛɟisór]
produttore (m)	producent (m)	[produtsént]
sceneggiatore (m)	skenarist (m)	[skɛnaríst]
critico (m)	kritik (m)	[kritík]

scrittore (m)	shkrimtar (m)	[ʃkrimtár]
poeta (m)	poet (m)	[poét]
scultore (m)	skulptor (m)	[skulptór]
pittore (m)	piktor (m)	[piktór]

giocoliere (m)	zhongler (m)	[ʒoŋlér]
pagliaccio (m)	kloun (m)	[kloún]
acrobata (m)	akrobat (m)	[akrobát]
prestigiatore (m)	magjistar (m)	[maɟistár]

92. Professioni varie

medico (m)	mjek (m)	[mjék]
infermiera (f)	infermiere (f)	[infɛrmiérɛ]
psichiatra (m)	psikiatër (m)	[psikiátər]
dentista (m)	dentist (m)	[dɛntíst]
chirurgo (m)	kirurg (m)	[kirúrg]

astronauta (m)	astronaut (m)	[astronaút]
astronomo (m)	astronom (m)	[astronóm]
pilota (m)	pilot (m)	[pilót]
autista (m)	shofer (m)	[ʃofér]
macchinista (m)	makinist (m)	[makiníst]
meccanico (m)	mekanik (m)	[mɛkaník]
minatore (m)	minator (m)	[minatór]
operaio (m)	punëtor (m)	[punətór]
operaio (m) metallurgico	bravandreqës (m)	[bravandrécəs]
falegname (m)	marangoz (m)	[maraŋóz]
tornitore (m)	tornitor (m)	[tornitór]
operaio (m) edile	punëtor ndërtimi (m)	[punətór ndərtími]
saldatore (m)	saldator (m)	[saldatór]
professore (m)	profesor (m)	[profɛsór]
architetto (m)	arkitekt (m)	[arkitékt]
storico (m)	historian (m)	[historián]
scienziato (m)	shkencëtar (m)	[ʃkɛntsətár]
fisico (m)	fizikant (m)	[fizikánt]
chimico (m)	kimist (m)	[kimíst]
archeologo (m)	arkeolog (m)	[arkɛológ]
geologo (m)	gjeolog (m)	[ɟɛológ]
ricercatore (m)	studiues (m)	[studiúɛs]
baby-sitter (m, f)	dado (f)	[dádo]
insegnante (m, f)	mësues (m)	[məsúɛs]
redattore (m)	redaktor (m)	[rɛdaktór]
redattore capo (m)	kryeredaktor (m)	[kryɛrɛdaktór]
corrispondente (m)	korrespondent (m)	[korɛspondént]
dattilografa (f)	daktilografiste (f)	[daktilografístɛ]
designer (m)	projektues (m)	[projɛktúɛs]
esperto (m) informatico	ekspert kompjuterësh (m)	[ɛkspért kompjutérəʃ]
programmatore (m)	programues (m)	[programúɛs]
ingegnere (m)	inxhinier (m)	[indʒiniér]
marittimo (m)	marinar (m)	[marinár]
marinaio (m)	marinar (m)	[marinár]
soccorritore (m)	shpëtimtar (m)	[ʃpətimtár]
pompiere (m)	zjarrfikës (m)	[zjarrfíkəs]
poliziotto (m)	polic (m)	[políts]
guardiano (m)	roje (f)	[rójɛ]
detective (m)	detektiv (m)	[dɛtɛktív]
doganiere (m)	doganier (m)	[doganiér]
guardia (f) del corpo	truprojë (f)	[truprójə]
guardia (f) carceraria	gardian burgu (m)	[gardián búrgu]
ispettore (m)	inspektor (m)	[inspɛktór]
sportivo (m)	sportist (m)	[sportíst]
allenatore (m)	trajner (m)	[trajnér]

macellaio (m)	kasap (m)	[kasáp]
calzolaio (m)	këpucëtar (m)	[kəputsətár]
uomo (m) d'affari	tregtar (m)	[trɛgtár]
caricatore (m)	ngarkues (m)	[ŋarkúɛs]
stilista (m)	stilist (m)	[stilíst]
modella (f)	modele (f)	[modélɛ]

93. Attività lavorative. Condizione sociale

scolaro (m)	nxënës (m)	[ndzénəs]
studente (m)	student (m)	[studént]
filosofo (m)	filozof (m)	[filozóf]
economista (m)	ekonomist (m)	[ɛkonomíst]
inventore (m)	shpikës (m)	[ʃpíkəs]
disoccupato (m)	i papunë (m)	[i papúnə]
pensionato (m)	pensionist (m)	[pɛnsioníst]
spia (f)	spiun (m)	[spiún]
detenuto (m)	i burgosur (m)	[i burgósur]
scioperante (m)	grevist (m)	[grɛvíst]
burocrate (m)	burokrat (m)	[burokrát]
viaggiatore (m)	udhëtar (m)	[uðətár]
omosessuale (m)	homoseksual (m)	[homosɛksuál]
hacker (m)	haker (m)	[hakér]
hippy (m, f)	hipik (m)	[hipík]
bandito (m)	bandit (m)	[bandít]
sicario (m)	vrasës (m)	[vrásəs]
drogato (m)	narkoman (m)	[narkomán]
trafficante (m) di droga	trafikant droge (m)	[trafikánt drógɛ]
prostituta (f)	prostitutë (f)	[prostitútə]
magnaccia (m)	tutor (m)	[tutór]
stregone (m)	magjistar (m)	[maɟistár]
strega (f)	shtrigë (f)	[ʃtrígə]
pirata (m)	pirat (m)	[pirát]
schiavo (m)	skllav (m)	[skɫav]
samurai (m)	samurai (m)	[samurái]
selvaggio (m)	i egër (m)	[i égər]

Istruzione

94. Scuola

scuola (f)	shkollë (f)	[ʃkótə]
direttore (m) di scuola	drejtor shkolle (m)	[drɛjtór ʃkótɛ]

allievo (m)	nxënës (m)	[ndzénəs]
allieva (f)	nxënëse (f)	[ndzénəsɛ]
scolaro (m)	nxënës (m)	[ndzénəs]
scolara (f)	nxënëse (f)	[ndzénəsɛ]

insegnare (qn)	jap mësim	[jap məsím]
imparare (una lingua)	mësoj	[məsój]
imparare a memoria	mësoj përmendësh	[məsój pərméndəʃ]

studiare (vi)	mësoj	[məsój]
frequentare la scuola	jam në shkollë	[jam nə ʃkótə]
andare a scuola	shkoj në shkollë	[ʃkoj nə ʃkótə]

alfabeto (m)	alfabet (m)	[alfabét]
materia (f)	lëndë (f)	[léndə]

classe (f)	klasë (f)	[klásə]
lezione (f)	mësim (m)	[məsím]
ricreazione (f)	pushim (m)	[puʃím]
campanella (f)	zile e shkollës (f)	[zílɛ ɛ ʃkótəs]
banco (m)	bankë e shkollës (f)	[bánkə ɛ ʃkótəs]
lavagna (f)	tabelë e zezë (f)	[tabélə ɛ zézə]

voto (m)	notë (f)	[nótə]
voto (m) alto	notë e mirë (f)	[nótə ɛ mírə]
voto (m) basso	notë e keqe (f)	[nótə ɛ kécɛ]
dare un voto	vendos notë	[vɛndós nótə]

errore (m)	gabim (m)	[gabím]
fare errori	bëj gabime	[bəj gabímɛ]
correggere (vt)	korrigjoj	[koriɟój]
bigliettino (m)	kopje (f)	[kópjɛ]

compiti (m pl)	detyrë shtëpie (f)	[dɛtýrə ʃtəpíɛ]
esercizio (m)	ushtrim (m)	[uʃtrím]

essere presente	jam prezent	[jam prɛzént]
essere assente	mungoj	[muŋój]
mancare le lezioni	mungoj në shkollë	[muŋój nə ʃkótə]

punire (vt)	ndëshkoj	[ndəʃkój]
punizione (f)	ndëshkim (m)	[ndəʃkím]
comportamento (m)	sjellje (f)	[sjétjɛ]

pagella (f)	dëftesë (f)	[dəftésə]
matita (f)	laps (m)	[láps]
gomma (f) per cancellare	gomë (f)	[gómə]
gesso (m)	shkumës (m)	[ʃkúməs]
astuccio (m) portamatite	portofol lapsash (m)	[portofól lápsaʃ]

cartella (f)	çantë shkolle (f)	[tʃántə ʃkóɫɛ]
penna (f)	stilolaps (m)	[stiloláps]
quaderno (m)	fletore (f)	[flɛtórɛ]
manuale (m)	tekst mësimor (m)	[tɛkst məsimór]
compasso (m)	kompas (m)	[kompás]

disegnare (tracciare)	vizatoj	[vizatój]
disegno (m) tecnico	vizatim teknik (m)	[vizatím tɛkník]

poesia (f)	poezi (f)	[poɛzí]
a memoria	përmendësh	[pərméndəʃ]
imparare a memoria	mësoj përmendësh	[məsój pərméndəʃ]

vacanze (f pl) scolastiche	pushimet e shkollës (m)	[puʃímɛt ɛ ʃkóɫəs]
essere in vacanza	jam me pushime	[jam mɛ puʃímɛ]
passare le vacanze	kaloj pushimet	[kalój puʃímɛt]

prova (f) scritta	test (m)	[tɛst]
composizione (f)	ese (f)	[ɛsé]
dettato (m)	diktim (m)	[diktím]
esame (m)	provim (m)	[provím]
sostenere un esame	kam provim	[kam provím]
esperimento (m)	eksperiment (m)	[ɛkspɛrimént]

95. Istituto superiore. Università

accademia (f)	akademi (f)	[akadɛmí]
università (f)	universitet (m)	[univɛrsitét]
facoltà (f)	fakultet (m)	[fakultét]

studente (m)	student (m)	[studént]
studentessa (f)	studente (f)	[studéntɛ]
docente (m, f)	pedagog (m)	[pɛdagóg]

aula (f)	auditor (m)	[auditór]
diplomato (m)	i diplomuar (m)	[i diplomúar]

diploma (m)	diplomë (f)	[diplómə]
tesi (f)	disertacion (m)	[disɛrtatsión]

ricerca (f)	studim (m)	[studím]
laboratorio (m)	laborator (m)	[laboratór]

lezione (f)	leksion (m)	[lɛksión]
compagno (m) di corso	shok kursi (m)	[ʃok kúrsi]

borsa (f) di studio	bursë (f)	[búrsə]
titolo (m) accademico	diplomë akademike (f)	[diplómə akadɛmíkɛ]

96. Scienze. Discipline

matematica (f)	**matematikë** (f)	[matɛmatíkə]
algebra (f)	**algjebër** (f)	[alʝébər]
geometria (f)	**gjeometri** (f)	[ʝɛomɛtrí]

astronomia (f)	**astronomi** (f)	[astronomí]
biologia (f)	**biologji** (f)	[bioloʝí]
geografia (f)	**gjeografi** (f)	[ʝɛografí]
geologia (f)	**gjeologji** (f)	[ʝɛoloʝí]
storia (f)	**histori** (f)	[historí]

medicina (f)	**mjekësi** (f)	[mjɛkəsí]
pedagogia (f)	**pedagogji** (f)	[pɛdagoʝí]
diritto (m)	**drejtësi** (f)	[drɛjtəsí]

fisica (f)	**fizikë** (f)	[fizíkə]
chimica (f)	**kimi** (f)	[kimí]
filosofia (f)	**filozofi** (f)	[filozofí]
psicologia (f)	**psikologji** (f)	[psikoloʝí]

97. Sistema di scrittura. Ortografia

grammatica (f)	**gramatikë** (f)	[gramatíkə]
lessico (m)	**fjalor** (m)	[fjalór]
fonetica (f)	**fonetikë** (f)	[fonɛtíkə]

sostantivo (m)	**emër** (m)	[émər]
aggettivo (m)	**mbiemër** (m)	[mbiémər]
verbo (m)	**folje** (f)	[fóljɛ]
avverbio (m)	**ndajfolje** (f)	[ndajfóljɛ]

pronome (m)	**përemër** (m)	[pərémər]
interiezione (f)	**pasthirrmë** (f)	[pasθírrmə]
preposizione (f)	**parafjalë** (f)	[parafjálə]

radice (f)	**rrënjë** (f)	[réɲə]
desinenza (f)	**fundore** (f)	[fundórɛ]
prefisso (m)	**parashtesë** (f)	[paraʃtésə]
sillaba (f)	**rrokje** (f)	[rókjɛ]
suffisso (m)	**prapashtesë** (f)	[prapaʃtésə]

accento (m)	**theks** (m)	[θɛks]
apostrofo (m)	**apostrof** (m)	[apostróf]

punto (m)	**pikë** (f)	[píkə]
virgola (f)	**presje** (f)	[présjɛ]
punto (m) e virgola	**pikëpresje** (f)	[pikəprésjɛ]
due punti	**dy pika** (f)	[dy píka]
puntini di sospensione	**tre pika** (f)	[trɛ píka]

punto (m) interrogativo	**pikëpyetje** (f)	[pikəpýɛtjɛ]
punto (m) esclamativo	**pikëçuditje** (f)	[pikətʃudítjɛ]

virgolette (f pl)	thonjëza (f)	[θóɲəza]
tra virgolette	në thonjëza	[nə θóɲəza]
parentesi (f pl)	kllapa (f)	[kɫápa]
tra parentesi	brenda kllapave	[brénda kɫápavɛ]
trattino (m)	vizë ndarëse (f)	[vízə ndárəsɛ]
lineetta (f)	vizë (f)	[vízə]
spazio (m) (tra due parole)	hapësirë (f)	[hapəsírə]
lettera (f)	shkronjë (f)	[ʃkróɲə]
lettera (f) maiuscola	shkronjë e madhe (f)	[ʃkróɲə ɛ máðɛ]
vocale (f)	zanore (f)	[zanórɛ]
consonante (f)	bashkëtingëllore (f)	[baʃkətiŋəɫórɛ]
proposizione (f)	fjali (f)	[fjalí]
soggetto (m)	kryefjalë (f)	[kryɛfjálə]
predicato (m)	kallëzues (m)	[kaɫəzúɛs]
riga (f)	rresht (m)	[réʃt]
a capo	rresht i ri	[réʃt i rí]
capoverso (m)	paragraf (m)	[paragráf]
parola (f)	fjalë (f)	[fjálə]
gruppo (m) di parole	grup fjalësh (m)	[grup fjáləʃ]
espressione (f)	shprehje (f)	[ʃpréhjɛ]
sinonimo (m)	sinonim (m)	[sinoním]
antonimo (m)	antonim (m)	[antoním]
regola (f)	rregull (m)	[régut]
eccezione (f)	përjashtim (m)	[pərjaʃtím]
giusto (corretto)	saktë	[sáktə]
coniugazione (f)	lakim (m)	[lakím]
declinazione (f)	rasë	[rásə]
caso (m) nominativo	rasë emërore (f)	[rásə ɛmərórɛ]
domanda (f)	pyetje (f)	[pýɛtjɛ]
sottolineare (vt)	nënvijëzoj	[nənvijəzój]
linea (f) tratteggiata	vijë me ndërprerje (f)	[víjə mɛ ndərprérjɛ]

98. Lingue straniere

lingua (f)	gjuhë (f)	[ɟúhə]
straniero (agg)	huaj	[húaj]
lingua (f) straniera	gjuhë e huaj (f)	[ɟúhə ɛ húaj]
studiare (vt)	studioj	[studiój]
imparare (una lingua)	mësoj	[məsój]
leggere (vi, vt)	lexoj	[lɛdzój]
parlare (vi, vt)	flas	[flas]
capire (vt)	kuptoj	[kuptój]
scrivere (vi, vt)	shkruaj	[ʃkrúaj]
rapidamente	shpejt	[ʃpɛjt]
lentamente	ngadalë	[ŋadálə]

correntemente	rrjedhshëm	[rjéðʃəm]
regole (f pl)	rregullat (pl)	[régułat]
grammatica (f)	gramatikë (f)	[gramatíkə]
lessico (m)	fjalor (m)	[fjalór]
fonetica (f)	fonetikë (f)	[fonɛtíkə]
manuale (m)	tekst mësimor (m)	[tɛkst məsimór]
dizionario (m)	fjalor (m)	[fjalór]
manuale (m) autodidattico	libër i mësimit autodidakt (m)	[líbər i məsímit autodidákt]
frasario (m)	libër frazeologjik (m)	[líbər frazɛolojík]
cassetta (f)	kasetë (f)	[kasétə]
videocassetta (f)	videokasetë (f)	[vidɛokasétə]
CD (m)	CD (f)	[tsɛdé]
DVD (m)	DVD (m)	[dividí]
alfabeto (m)	alfabet (m)	[alfabét]
compitare (vt)	gërmëzoj	[gərməzój]
pronuncia (f)	shqiptim (m)	[ʃciptím]
accento (m)	aksent (m)	[aksént]
con un accento	me aksent	[mɛ aksént]
senza accento	pa aksent	[pa aksént]
vocabolo (m)	fjalë (f)	[fjálə]
significato (m)	kuptim (m)	[kuptím]
corso (m) (~ di francese)	kurs (m)	[kurs]
iscriversi (vr)	regjistrohem	[rɛɟistróhɛm]
insegnante (m, f)	mësues (m)	[məsúɛs]
traduzione (f) (fare una ~)	përkthim (m)	[pərkθím]
traduzione (f) (un testo)	përkthim (m)	[pərkθím]
traduttore (m)	përkthyes (m)	[pərkθýɛs]
interprete (m)	përkthyes (m)	[pərkθýɛs]
poliglotta (m)	poliglot (m)	[poliglót]
memoria (f)	kujtesë (f)	[kujtésə]

Ristorante. Intrattenimento. Viaggi

99. Escursione. Viaggio

turismo (m)	turizëm (m)	[turízəm]
turista (m)	turist (m)	[turíst]
viaggio (m) (all'estero)	udhëtim (m)	[uðətím]
avventura (f)	aventurë (f)	[avɛntúrə]
viaggio (m) (corto)	udhëtim (m)	[uðətím]
vacanza (f)	pushim (m)	[puʃím]
essere in vacanza	jam me pushime	[jam mɛ puʃímɛ]
riposo (m)	pushim (m)	[puʃím]
treno (m)	tren (m)	[trɛn]
in treno	me tren	[mɛ trén]
aereo (m)	avion (m)	[avión]
in aereo	me avion	[mɛ avión]
in macchina	me makinë	[mɛ makínə]
in nave	me anije	[mɛ aníjɛ]
bagaglio (m)	bagazh (m)	[bagáʒ]
valigia (f)	valixhe (f)	[valídʒɛ]
carrello (m)	karrocë bagazhesh (f)	[karótsə bagáʒɛʃ]
passaporto (m)	pasaportë (f)	[pasapórtə]
visto (m)	vizë (f)	[vízə]
biglietto (m)	biletë (f)	[bilétə]
biglietto (m) aereo	biletë avioni (f)	[bilétə avióni]
guida (f)	guidë turistike (f)	[guídə turistíkɛ]
carta (f) geografica	hartë (f)	[hártə]
località (f)	zonë (f)	[zónə]
luogo (m)	vend (m)	[vɛnd]
ogetti (m pl) esotici	ekzotikë (f)	[ɛkzotíkə]
esotico (agg)	ekzotik	[ɛkzotík]
sorprendente (agg)	mahnitëse	[mahnítəsɛ]
gruppo (m)	grup (m)	[grup]
escursione (f)	ekskursion (m)	[ɛkskursión]
guida (f) (cicerone)	udhërrëfyes (m)	[uðərəfýɛs]

100. Hotel

albergo, hotel (m)	hotel (m)	[hotél]
motel (m)	motel (m)	[motél]
tre stelle	me tre yje	[mɛ trɛ ýjɛ]

cinque stelle	me pesë yje	[mɛ pésə ýjɛ]
alloggiare (vi)	qëndroj	[cəndrój]
camera (f)	dhomë (f)	[ðómə]
camera (f) singola	dhomë teke (f)	[ðómə tékɛ]
camera (f) doppia	dhomë dyshe (f)	[ðómə dýʃɛ]
prenotare una camera	rezervoj një dhomë	[rɛzɛrvój ɲə ðómə]
mezza pensione (f)	gjysmë-pension (m)	[ɟýsmə-pɛnsión]
pensione (f) completa	pension i plotë (m)	[pɛnsión i plótə]
con bagno	me banjo	[mɛ báɲo]
con doccia	me dush	[mɛ dúʃ]
televisione (f) satellitare	televizor satelitor (m)	[tɛlɛvizór satɛlitór]
condizionatore (m)	kondicioner (m)	[konditsionér]
asciugamano (m)	peshqir (m)	[pɛʃcír]
chiave (f)	çelës (m)	[tʃélǝs]
amministratore (m)	administrator (m)	[administratór]
cameriera (f)	pastruese (f)	[pastrúɛsɛ]
portabagagli (m)	portier (m)	[portiér]
portiere (m)	portier (m)	[portiér]
ristorante (m)	restorant (m)	[rɛstoránt]
bar (m)	pab (m), pijetore (f)	[pab], [pijɛtórɛ]
colazione (f)	mëngjes (m)	[mənɟés]
cena (f)	darkë (f)	[dárkə]
buffet (m)	bufe (f)	[bufé]
hall (f) (atrio d'ingresso)	holl (m)	[hoɫ]
ascensore (m)	ashensor (m)	[aʃɛnsór]
NON DISTURBARE	MOS SHQETËSONI	[mos ʃcɛtəsóni]
VIETATO FUMARE!	NDALOHET DUHANI	[ndalóhɛt duháni]

ATTREZZATURA TECNICA. MEZZI DI TRASPORTO

Attrezzatura tecnica

101. Computer

computer (m)	kompjuter (m)	[kompjutér]
computer (m) portatile	laptop (m)	[laptóp]
accendere (vt)	ndez	[ndɛz]
spegnere (vt)	fik	[fik]
tastiera (f)	tastiera (f)	[tastiéra]
tasto (m)	çelës (m)	[tʃéləs]
mouse (m)	maus (m)	[máus]
tappetino (m) del mouse	shtroje e mausit (f)	[ʃtrójɛ ɛ máusit]
tasto (m)	buton (m)	[butón]
cursore (m)	kursor (m)	[kursór]
monitor (m)	monitor (m)	[monitór]
schermo (m)	ekran (m)	[ɛkrán]
disco (m) rigido	hard disk (m)	[hárd dísk]
spazio (m) sul disco rigido	kapaciteti i hard diskut (m)	[kapatsitéti i hárd dískut]
memoria (f)	memorie (f)	[mɛmóriɛ]
memoria (f) operativa	memorie operative (f)	[mɛmóriɛ opɛratívɛ]
file (m)	skedë (f)	[skédə]
cartella (f)	dosje (f)	[dósjɛ]
aprire (vt)	hap	[hap]
chiudere (vt)	mbyll	[mbyɫ]
salvare (vt)	ruaj	[rúaj]
eliminare (vt)	fshij	[fʃíj]
copiare (vt)	kopjoj	[kopjój]
ordinare (vt)	sistemoj	[sistɛmój]
trasferire (vt)	transferoj	[transfɛrój]
programma (m)	program (m)	[prográm]
software (m)	softuer (f)	[softuér]
programmatore (m)	programues (m)	[programúɛs]
programmare (vt)	programoj	[programój]
hacker (m)	haker (m)	[hakér]
password (f)	fjalëkalim (m)	[fjaləkalím]
virus (m)	virus (m)	[virús]
trovare (un virus, ecc.)	zbuloj	[zbulój]
byte (m)	bajt (m)	[bájt]

megabyte (m)	megabajt (m)	[mɛgabájt]
dati (m pl)	të dhënat (pl)	[tə ðénat]
database (m)	databazë (f)	[databázə]

cavo (m)	kabllo (f)	[kábɫo]
sconnettere (vt)	shkëpus	[ʃkəpús]
collegare (vt)	lidh	[lið]

102. Internet. Posta elettronica

internet (f)	internet (m)	[intɛrnét]
navigatore (m)	shfletues (m)	[ʃflɛtúɛs]
motore (m) di ricerca	makineri kërkimi (f)	[makinɛrí kərkími]
provider (m)	ofrues (m)	[ofrúɛs]

webmaster (m)	uebmaster (m)	[uɛbmástɛr]
sito web (m)	ueb-faqe (f)	[uéb-fácɛ]
pagina web (f)	ueb-faqe (f)	[uéb-fácɛ]

| indirizzo (m) | adresë (f) | [adrésə] |
| rubrica (f) indirizzi | libërth adresash (m) | [líbərθ adrésaʃ] |

casella (f) di posta	kuti postare (f)	[kutí postárɛ]
posta (f)	postë (f)	[póstə]
troppo piena (agg)	i mbushur	[i mbúʃur]

messaggio (m)	mesazh (m)	[mɛsáʒ]
messaggi (m pl) in arrivo	mesazhe të ardhura (pl)	[mɛsáʒɛ tə árðura]
messaggi (m pl) in uscita	mesazhe të dërguara (pl)	[mɛsáʒɛ tə dərgúara]

mittente (m)	dërguesi (m)	[dərgúɛsi]
inviare (vt)	dërgoj	[dərgój]
invio (m)	dërgesë (f)	[dərgésə]

| destinatario (m) | pranues (m) | [pranúɛs] |
| ricevere (vt) | pranoj | [pranój] |

| corrispondenza (f) | korrespondencë (f) | [korɛspondéntsə] |
| essere in corrispondenza | komunikim | [komunikím] |

file (m)	skedë (f)	[skédə]
scaricare (vt)	shkarkoj	[ʃkarkój]
creare (vt)	krijoj	[krijój]
eliminare (vt)	fshij	[fʃíj]
eliminato (agg)	e fshirë	[ɛ fʃírə]

connessione (f)	lidhje (f)	[líðjɛ]
velocità (f)	shpejtësi (f)	[ʃpɛjtəsí]
modem (m)	modem (m)	[modém]
accesso (m)	hyrje (f)	[hýrjɛ]
porta (f)	port (m)	[port]

| collegamento (m) | lidhje (f) | [líðjɛ] |
| collegarsi a ... | lidhem me ... | [líðɛm mɛ ...] |

scegliere (vt)	përzgjedh	[pərzjéð]
cercare (vt)	kërkoj ...	[kərkój ...]

103. Elettricità

elettricità (f)	elektricitet (m)	[ɛlɛktritsitét]
elettrico (agg)	elektrik	[ɛlɛktrík]
centrale (f) elettrica	hidrocentral (m)	[hidrotsɛntrál]
energia (f)	energji (f)	[ɛnɛɾɟí]
energia (f) elettrica	energji elektrike (f)	[ɛnɛɾɟí ɛlɛktríkɛ]
lampadina (f)	poç (m)	[potʃ]
torcia (f) elettrica	llambë dore (f)	[ɫámbə dórɛ]
lampione (m)	llambë rruge (f)	[ɫámbə rúgɛ]
luce (f)	dritë (f)	[drítə]
accendere (luce)	ndez	[ndɛz]
spegnere (vt)	fik	[fik]
spegnere la luce	fik dritën	[fík drítən]
fulminarsi (vr)	digjet	[díɟɛt]
corto circuito (m)	qark i shkurtër (m)	[cark i ʃkúrtər]
rottura (f) (~ di un cavo)	tel i prishur (m)	[tɛl i príʃur]
contatto (m)	kontakt (m)	[kontákt]
interruttore (m)	çelës drite (m)	[tʃéləs drítɛ]
presa (f) elettrica	prizë (f)	[prízə]
spina (f)	spinë (f)	[spínə]
prolunga (f)	zgjatues (m)	[zɟatúɛs]
fusibile (m)	siguresë (f)	[sigurésə]
filo (m)	kabllo (f)	[kábɫo]
impianto (m) elettrico	rrjet elektrik (m)	[rjét ɛlɛktrík]
ampere (m)	amper (m)	[ampéɾ]
intensità di corrente	amperazh (f)	[ampɛráʒ]
volt (m)	volt (m)	[volt]
tensione (f)	voltazh (m)	[voltáʒ]
apparecchio (m) elettrico	aparat elektrik (m)	[aparát ɛlɛktrík]
indicatore (m)	indikator (m)	[indikatóɾ]
elettricista (m)	elektricist (m)	[ɛlɛktritsíst]
saldare (vt)	saldoj	[saldój]
saldatoio (m)	pajisje saldimi (f)	[pajísjɛ saldími]
corrente (f)	korrent elektrik (m)	[korént ɛlɛktrík]

104. Utensili

utensile (m)	vegël (f)	[végəl]
utensili (m pl)	vegla (pl)	[végla]
impianto (m)	pajisje (f)	[pajísjɛ]

martello (m)	çekiç (m)	[tʃɛkítʃ]
giravite (m)	kaçavidë (f)	[katʃavídə]
ascia (f)	sëpatë (f)	[səpátə]
sega (f)	sharrë (f)	[ʃárə]
segare (vt)	sharroj	[ʃarój]
pialla (f)	zdrukthues (m)	[zdrukθúɛs]
piallare (vt)	zdrukthoj	[zdrukθój]
saldatoio (m)	pajisje saldimi (f)	[pajísjɛ saldími]
saldare (vt)	saldoj	[saldój]
lima (f)	limë (f)	[límə]
tenaglie (f pl)	darë (f)	[dárə]
pinza (f) a punte piatte	pinca (f)	[píntsa]
scalpello (m)	daltë (f)	[dáltə]
punta (f) da trapano	turjelë (f)	[turjélə]
trapano (m) elettrico	shpuese elektrike (f)	[ʃpúɛsɛ ɛlɛktríkɛ]
trapanare (vt)	shpoj	[ʃpoj]
coltello (m)	thikë (f)	[θíkə]
coltello (m) da tasca	thikë xhepi (f)	[θíkə dʒépi]
lama (f)	teh (m)	[tɛh]
affilato (coltello ~)	i mprehtë	[i mpréhtə]
smussato (agg)	i topitur	[i topítur]
smussarsi (vr)	bëhet e topitur	[bǝ́hɛt ɛ topítur]
affilare (vt)	mpreh	[mpréh]
bullone (m)	vidë (f)	[vídə]
dado (m)	dado (f)	[dádo]
filettatura (f)	filetë e vidhës (f)	[filétə ɛ víðəs]
vite (f)	vidhë druri (f)	[víðə drúri]
chiodo (m)	gozhdë (f)	[góʒdə]
testa (f) di chiodo	kokë gozhde (f)	[kókə góʒdɛ]
regolo (m)	vizore (f)	[vizórɛ]
nastro (m) metrico	metër (m)	[métər]
livella (f)	nivelizues (m)	[nivɛlizúɛs]
lente (f) d'ingradimento	lente zmadhuese (f)	[lɛ́ntɛ zmaðúɛsɛ]
strumento (m) di misurazione	mjet matës (m)	[mjét mátəs]
misurare (vt)	mas	[mas]
scala (f) graduata	gradë (f)	[grádə]
lettura, indicazione (f)	matjet (pl)	[mátjɛt]
compressore (m)	kompresor (m)	[komprɛsór]
microscopio (m)	mikroskop (m)	[mikroskóp]
pompa (f) (~ dell'acqua)	pompë (f)	[pómpə]
robot (m)	robot (m)	[robót]
laser (m)	laser (m)	[lasér]
chiave (f)	çelës (m)	[tʃélǝs]
nastro (m) adesivo	shirit ngjitës (m)	[ʃirít nɟítəs]

colla (f)	ngjitës (m)	[nɟítəs]
carta (f) smerigliata	letër smeril (f)	[létər smɛríl]
molla (f)	sustë (f)	[sústə]
magnete (m)	magnet (m)	[magnét]
guanti (m pl)	dorëza (pl)	[dórəza]
corda (f)	litar (m)	[litár]
cordone (m)	kordon (m)	[kordón]
filo (m) (~ del telefono)	tel (m)	[tɛl]
cavo (m)	kabllo (f)	[kábɫo]
mazza (f)	çekan i rëndë (m)	[tʃɛkán i rəndə]
palanchino (m)	levë (f)	[lévə]
scala (f) a pioli	shkallë (f)	[ʃkáɫə]
scala (m) a libretto	shkallëz (f)	[ʃkáɫəz]
avvitare (stringere)	vidhos	[viðós]
svitare (vt)	zhvidhos	[ʒviðós]
stringere (vt)	shtrëngoj	[ʃtrəŋój]
incollare (vt)	ngjes	[nɟés]
tagliare (vt)	pres	[prɛs]
guasto (m)	avari (f)	[avarí]
riparazione (f)	riparim (m)	[riparím]
riparare (vt)	riparoj	[riparój]
regolare (~ uno strumento)	rregulloj	[rɛguɫój]
verificare (ispezionare)	kontrolloj	[kontroɫój]
controllo (m)	kontroll (m)	[kontróɫ]
lettura, indicazione (f)	matjet (pl)	[mátjɛt]
sicuro (agg)	e sigurt	[ɛ sígurt]
complesso (agg)	komplekse	[komplékse]
arrugginire (vi)	ndryshket	[ndrýʃkɛt]
arrugginito (agg)	e ndryshkur	[ɛ ndrýʃkur]
ruggine (f)	ndryshk (m)	[ndrýʃk]

Mezzi di trasporto

105. Aeroplano

aereo (m)	avion (m)	[avión]
biglietto (m) aereo	biletë avioni (f)	[bilétə avióni]
compagnia (f) aerea	kompani ajrore (f)	[kompaní ajrórɛ]
aeroporto (m)	aeroport (m)	[aɛropórt]
supersonico (agg)	supersonik	[supɛrsoník]
comandante (m)	kapiten (m)	[kapitén]
equipaggio (m)	ekip (m)	[ɛkíp]
pilota (m)	pilot (m)	[pilót]
hostess (f)	stjuardesë (f)	[stjuardésə]
navigatore (m)	navigues (m)	[navigúɛs]
ali (f pl)	krahë (pl)	[kráhə]
coda (f)	bisht (m)	[biʃt]
cabina (f)	kabinë (f)	[kabínə]
motore (m)	motor (m)	[motór]
carrello (m) d'atterraggio	karrel (m)	[karél]
turbina (f)	turbinë (f)	[turbínə]
elica (f)	helikë (f)	[hɛlíkə]
scatola (f) nera	kuti e zezë (f)	[kutí ɛ zézə]
barra (f) di comando	timon (m)	[timón]
combustibile (m)	karburant (m)	[karburánt]
safety card (f)	udhëzime sigurie (pl)	[uðəzímɛ siguríɛ]
maschera (f) ad ossigeno	maskë oksigjeni (f)	[máskə oksiɟéni]
uniforme (f)	uniformë (f)	[unifórmə]
giubbotto (m) di salvataggio	jelek shpëtimi (m)	[jɛlék ʃpətími]
paracadute (m)	parashutë (f)	[paraʃútə]
decollo (m)	ngritje (f)	[ŋrítjɛ]
decollare (vi)	fluturon	[fluturón]
pista (f) di decollo	pista e fluturimit (f)	[písta ɛ fluturímit]
visibilità (f)	shikueshmëri (f)	[ʃikuɛʃmərí]
volo (m)	fluturim (m)	[fluturím]
altitudine (f)	lartësi (f)	[lartəsí]
vuoto (m) d'aria	xhep ajri (m)	[dʒɛp ájri]
posto (m)	karrige (f)	[karígɛ]
cuffia (f)	kufje (f)	[kúfjɛ]
tavolinetto (m) pieghevole	tabaka (f)	[tabaká]
oblò (m), finestrino (m)	dritare avioni (f)	[dritárɛ avióni]
corridoio (m)	korridor (m)	[koridór]

106. Treno

treno (m)	tren (m)	[trɛn]
elettrotreno (m)	tren elektrik (m)	[trɛn ɛlɛktrík]
treno (m) rapido	tren ekspres (m)	[trɛn ɛksprés]
locomotiva (f) diesel	lokomotivë me naftë (f)	[lokomótivə mɛ náftə]
locomotiva (f) a vapore	lokomotivë me avull (f)	[lokomótivə mɛ ávuɫ]
carrozza (f)	vagon (m)	[vagón]
vagone (m) ristorante	vagon restorant (m)	[vagón rɛstoránt]
rotaie (f pl)	shina (pl)	[ʃína]
ferrovia (f)	hekurudhë (f)	[hɛkurúðə]
traversa (f)	traversë (f)	[travérsə]
banchina (f) (~ ferroviaria)	platformë (f)	[platfórmə]
binario (m) (~ 1, 2)	binar (m)	[binár]
semaforo (m)	semafor (m)	[sɛmafór]
stazione (f)	stacion (m)	[statsión]
macchinista (m)	makinist (m)	[makiníst]
portabagagli (m)	portier (m)	[portiér]
cuccettista (m, f)	konduktor (m)	[konduktór]
passeggero (m)	pasagjer (m)	[pasaɟér]
controllore (m)	konduktor (m)	[konduktór]
corridoio (m)	korridor (m)	[koridór]
freno (m) di emergenza	frena urgjence (f)	[fréna urɟéntsɛ]
scompartimento (m)	ndarje (f)	[ndárjɛ]
cuccetta (f)	kat (m)	[kat]
cuccetta (f) superiore	kati i sipërm (m)	[káti i sípərm]
cuccetta (f) inferiore	kati i poshtëm (m)	[káti i póʃtəm]
biancheria (f) da letto	shtroje shtrati (pl)	[ʃtrójɛ ʃtráti]
biglietto (m)	biletë (f)	[bilétə]
orario (m)	orar (m)	[orár]
tabellone (m) orari	tabelë e informatave (f)	[tabélə ɛ informátavɛ]
partire (vi)	niset	[nísɛt]
partenza (f)	nisje (f)	[nísjɛ]
arrivare (di un treno)	arrij	[aríj]
arrivo (m)	arritje (f)	[arítjɛ]
arrivare con il treno	arrij me tren	[aríj mɛ trɛn]
salire sul treno	hip në tren	[hip nə trén]
scendere dal treno	zbres nga treni	[zbrɛs ŋa tréni]
deragliamento (m)	aksident hekurudhor (m)	[aksidént hɛkuruðór]
deragliare (vi)	del nga shinat	[dɛl ŋa ʃínat]
locomotiva (f) a vapore	lokomotivë me avull (f)	[lokomótivə mɛ ávuɫ]
fuochista (m)	mbikëqyrës i zjarrit (m)	[mbikəcýrəs i zjárit]
forno (m)	furrë (f)	[fúrə]
carbone (m)	qymyr (m)	[cymýr]

107. Nave

nave (f)	anije (f)	[aníjɛ]
imbarcazione (f)	mjet lundrues (m)	[mjét lundrúɛs]
piroscafo (m)	anije me avull (f)	[aníjɛ mɛ ávuɫ]
barca (f) fluviale	anije lumi (f)	[aníjɛ lúmi]
transatlantico (m)	krocierë (f)	[krotsiérə]
incrociatore (m)	anije luftarake (f)	[aníjɛ luftarákɛ]
yacht (m)	jaht (m)	[jáht]
rimorchiatore (m)	anije rimorkiuese (f)	[aníjɛ rimorkiúɛsɛ]
chiatta (f)	anije transportuese (f)	[aníjɛ transportúɛsɛ]
traghetto (m)	traget (m)	[tragét]
veliero (m)	anije me vela (f)	[aníjɛ mɛ véla]
brigantino (m)	brigantinë (f)	[brigantínə]
rompighiaccio (m)	akullthyese (f)	[akuɫθýɛsɛ]
sottomarino (m)	nëndetëse (f)	[nəndétəsɛ]
barca (f)	barkë (f)	[bárkə]
scialuppa (f)	gomone (f)	[gomónɛ]
scialuppa (f) di salvataggio	varkë shpëtimi (f)	[várkə ʃpətími]
motoscafo (m)	skaf (m)	[skaf]
capitano (m)	kapiten (m)	[kapitén]
marittimo (m)	marinar (m)	[marinár]
marinaio (m)	marinar (m)	[marinár]
equipaggio (m)	ekip (m)	[ɛkíp]
nostromo (m)	kryemarinar (m)	[kryɛmarinár]
mozzo (m) di nave	djali i anijes (m)	[djáli i aníjɛs]
cuoco (m)	kuzhinier (m)	[kuʒiniér]
medico (m) di bordo	doktori i anijes (m)	[doktóri i aníjɛs]
ponte (m)	kuverta (f)	[kuvérta]
albero (m)	direk (m)	[dirék]
vela (f)	vela (f)	[véla]
stiva (f)	bagazh (m)	[bagáʒ]
prua (f)	harku sipëror (m)	[hárku sipərór]
poppa (f)	pjesa e pasme (f)	[pjésa ɛ pásmɛ]
remo (m)	rrem (m)	[rɛm]
elica (f)	helikë (f)	[hɛlíkə]
cabina (f)	kabinë (f)	[kabínə]
quadrato (m) degli ufficiali	zyrë e oficerëve (m)	[zýrə ɛ ofitsérəvɛ]
sala (f) macchine	salla e motorit (f)	[sáɫa ɛ motórit]
ponte (m) di comando	urë komanduese (f)	[úrə komandúɛsɛ]
cabina (f) radiotelegrafica	kabina radiotelegrafike (f)	[kabína radiotɛlɛgrafíkɛ]
onda (f)	valë (f)	[válə]
giornale (m) di bordo	libri i shënimeve (m)	[líbri i ʃənímɛvɛ]
cannocchiale (m)	dylbi (f)	[dylbí]
campana (f)	këmbanë (f)	[kəmbánə]

bandiera (f)	flamur (m)	[flamúr]
cavo (m) (~ d'ormeggio)	pallamar (m)	[patamár]
nodo (m)	nyjë (f)	[nýjə]

| ringhiera (f) | parmakë (pl) | [parmákə] |
| passerella (f) | shkallë (f) | [ʃkátə] |

ancora (f)	spirancë (f)	[spirántsə]
levare l'ancora	ngre spirancën	[ŋré spirántsən]
gettare l'ancora	hedh spirancën	[hɛð spirántsən]
catena (f) dell'ancora	zinxhir i spirancës (m)	[zindʒír i spirántsəs]

porto (m)	port (m)	[port]
banchina (f)	skelë (f)	[skélə]
ormeggiarsi (vr)	ankoroj	[ankorój]
salpare (vi)	niset	[nísɛt]

viaggio (m)	udhëtim (m)	[uðətím]
crociera (f)	udhëtim me krocierë (f)	[uðətím mɛ krotsiérə]
rotta (f)	kursi i udhëtimit (m)	[kúrsi i uðətímit]
itinerario (m)	itinerar (m)	[itinɛrár]

tratto (m) navigabile	ujëra të lundrueshme (f)	[újəra tə lundrúɛʃmɛ]
secca (f)	cekëtinë (f)	[tsɛkətínə]
arenarsi (vr)	bllokohet në rërë	[błokóhɛt nə rərə]

tempesta (f)	stuhi (f)	[stuhí]
segnale (m)	sinjal (m)	[siɲál]
affondare (andare a fondo)	fundoset	[fundósɛt]
Uomo in mare!	Njeri në det!	[ɲɛrí nə dɛt!]
SOS	SOS (m)	[sos]
salvagente (m) anulare	bovë shpëtuese (f)	[bóvə ʃpətúɛsɛ]

108. Aeroporto

aeroporto (m)	aeroport (m)	[aɛropórt]
aereo (m)	avion (m)	[avión]
compagnia (f) aerea	kompani ajrore (f)	[kompaní ajrórɛ]
controllore (m) di volo	kontroll i trafikut ajror (m)	[kontróɫ i trafíkut ajrór]

partenza (f)	nisje (f)	[nísjɛ]
arrivo (m)	arritje (f)	[arítjɛ]
arrivare (vi)	arrij me avion	[aríj mɛ avión]

| ora (f) di partenza | nisja (f) | [nísja] |
| ora (f) di arrivo | arritja (f) | [arítja] |

| essere ritardato | vonesë | [vonésə] |
| volo (m) ritardato | vonesë avioni (f) | [vonésə avióni] |

tabellone (m) orari	ekrani i informacioneve (m)	[ɛkráni i informatsiónɛvɛ]
informazione (f)	informacion (m)	[informatsión]
annunciare (vt)	njoftoj	[ɲoftój]
volo (m)	fluturim (m)	[fluturím]

dogana (f)	doganë (f)	[dogánə]
doganiere (m)	doganier (m)	[doganiér]

dichiarazione (f)	deklarim doganor (m)	[dɛklarím doganór]
riempire	plotësoj	[plotəsój]
(~ una dichiarazione)		
riempire una dichiarazione	plotësoj deklaratën	[plotəsój dɛklarátən]
controllo (m) passaporti	kontroll pasaportash (m)	[kontrół pasapórtaʃ]

bagaglio (m)	bagazh (m)	[bagáʒ]
bagaglio (m) a mano	bagazh dore (m)	[bagáʒ dórɛ]
carrello (m)	karrocë bagazhesh (f)	[karótsə bagáʒɛʃ]

atterraggio (m)	aterrim (m)	[atɛrím]
pista (f) di atterraggio	pistë aterrimi (f)	[pístə atɛrími]
atterrare (vi)	aterroj	[atɛrój]
scaletta (f) dell'aereo	shkallë avioni (f)	[ʃkáłə avióni]

check-in (m)	regjistrim (m)	[rɛɟistrím]
banco (m) del check-in	sportel regjistrimi (m)	[sportél rɛɟistrími]
fare il check-in	regjistrohem	[rɛɟistróhɛm]
carta (f) d'imbarco	biletë e hyrjes (f)	[bilétə ɛ hýrjɛs]
porta (f) d'imbarco	porta e nisjes (f)	[pórta ɛ nísjɛs]

transito (m)	transit (m)	[transít]
aspettare (vt)	pres	[prɛs]
sala (f) d'attesa	salla e nisjes (f)	[sáła ɛ nísjɛs]
accompagnare (vt)	përcjell	[pərtsjéł]
congedarsi (vr)	përshëndetem	[pərʃəndétɛm]

Situazioni quotidiane

109. Vacanze. Evento

festa (f)	festë (f)	[féstə]
festa (f) nazionale	festë kombëtare (f)	[féstə kombətárɛ]
festività (f) civile	festë publike (f)	[féstə publíkɛ]
festeggiare (vt)	festoj	[fɛstój]

avvenimento (m)	ceremoni (f)	[tsɛrɛmoní]
evento (m) (organizzare un ~)	eveniment (m)	[ɛvɛnimént]
banchetto (m)	banket (m)	[bankét]
ricevimento (m)	pritje (f)	[prítjɛ]
festino (m)	aheng (m)	[ahéŋ]

anniversario (m)	përvjetor (m)	[pərvjɛtór]
giubileo (m)	jubile (m)	[jubilé]
festeggiare (vt)	festoj	[fɛstój]

Capodanno (m)	Viti i Ri (m)	[víti i rí]
Buon Anno!	Gëzuar Vitin e Ri!	[gəzúar vítin ɛ rí!]
Babbo Natale (m)	Santa Klaus (m)	[sánta kláus]

Natale (m)	Krishtlindje (f)	[kriʃtlíndjɛ]
Buon Natale!	Gëzuar Krishtlindjen!	[gəzúar kriʃtlíndjɛn!]
Albero (m) di Natale	péma e Krishtlindjes (f)	[péma ɛ kriʃtlíndjɛs]
fuochi (m pl) artificiali	fishekzjarrë (m)	[fiʃɛkzjárə]

nozze (f pl)	dasmë (f)	[dásmə]
sposo (m)	dhëndër (m)	[ðéndər]
sposa (f)	nuse (f)	[núsɛ]

invitare (vt)	ftoj	[ftoj]
invito (m)	ftesë (f)	[ftésə]

ospite (m)	mysafir (m)	[mysafír]
andare a trovare	vizitoj	[vizitój]
accogliere gli invitati	takoj të ftuarit	[takój tə ftúarit]

regalo (m)	dhuratë (f)	[ðurátə]
offrire (~ un regalo)	dhuroj	[ðurój]
ricevere i regali	marr dhurata	[mar ðuráta]
mazzo (m) di fiori	buqetë (f)	[bucétə]

auguri (m pl)	urime (f)	[urímɛ]
augurare (vt)	përgëzoj	[pərgəzój]

cartolina (f)	kartolinë (f)	[kartolínə]
mandare una cartolina	dërgoj kartolinë	[dərgój kartolínə]
ricevere una cartolina	marr kartolinë	[mar kartolínə]

brindisi (m)	dolli (f)	[doɫí]
offrire (~ qualcosa da bere)	qeras	[cɛrás]
champagne (m)	shampanjë (f)	[ʃampáɲə]

divertirsi (vr)	kënaqem	[kənácɛm]
allegria (f)	gëzim (m)	[gəzím]
gioia (f)	gëzim (m)	[gəzím]

| danza (f), ballo (m) | vallëzim (m) | [vaɫəzím] |
| ballare (vi, vt) | vallëzoj | [vaɫəzój] |

| valzer (m) | vals (m) | [vals] |
| tango (m) | tango (f) | [táŋo] |

110. Funerali. Sepoltura

cimitero (m)	varreza (f)	[varéza]
tomba (f)	varr (m)	[var]
croce (f)	kryq (m)	[kryc]
pietra (f) tombale	gur varri (m)	[gur vári]
recinto (m)	gardh (m)	[garð]
cappella (f)	kishëz (m)	[kíʃəz]

morte (f)	vdekje (f)	[vdékjɛ]
morire (vi)	vdes	[vdɛs]
defunto (m)	i vdekuri (m)	[i vdékuri]
lutto (m)	zi (f)	[zi]

seppellire (vt)	varros	[varós]
sede (f) di pompe funebri	agjenci funeralesh (f)	[aɟɛntsí funɛrálɛʃ]
funerale (m)	funeral (m)	[funɛrál]

corona (f) di fiori	kurorë (f)	[kurórə]
bara (f)	arkivol (m)	[arkivól]
carro (m) funebre	makinë funebre (f)	[makínə funébrɛ]
lenzuolo (m) funebre	qefin (m)	[cɛfín]

corteo (m) funebre	kortezh (m)	[kortéʒ]
urna (f) funeraria	urnë (f)	[úrnə]
crematorio (m)	kremator (m)	[krɛmatór]

necrologio (m)	përkujtim (m)	[pərkujtím]
piangere (vi)	qaj	[caj]
singhiozzare (vi)	qaj me dënesë	[caj mɛ dənésə]

111. Guerra. Soldati

plotone (m)	togë (f)	[tógə]
compagnia (f)	kompani (f)	[kompaní]
reggimento (m)	regjiment (m)	[rɛɟimént]
esercito (m)	ushtri (f)	[uʃtrí]
divisione (f)	divizion (m)	[divizión]

distaccamento (m)	skuadër (f)	[skuádər]
armata (f)	armatë (f)	[armátə]
soldato (m)	ushtar (m)	[uʃtár]
ufficiale (m)	oficer (m)	[ofitsér]
soldato (m) semplice	ushtar (m)	[uʃtár]
sergente (m)	rreshter (m)	[rɛʃtér]
tenente (m)	toger (m)	[togér]
capitano (m)	kapiten (m)	[kapitén]
maggiore (m)	major (m)	[majór]
colonnello (m)	kolonel (m)	[kolonél]
generale (m)	gjeneral (m)	[ɟɛnɛrál]
marinaio (m)	marinar (m)	[marinár]
capitano (m)	kapiten (m)	[kapitén]
nostromo (m)	kryemarinar (m)	[kryɛmarinár]
artigliere (m)	artiljer (m)	[artiljér]
paracadutista (m)	parashutist (m)	[paraʃutíst]
pilota (m)	pilot (m)	[pilót]
navigatore (m)	navigues (m)	[navigúɛs]
meccanico (m)	mekanik (m)	[mɛkaník]
geniere (m)	xhenier (m)	[dʒɛniér]
paracadutista (m)	parashutist (m)	[paraʃutíst]
esploratore (m)	agjent zbulimi (m)	[aɟént zbulími]
cecchino (m)	snajper (m)	[snajpér]
pattuglia (f)	patrullë (f)	[patrúɫə]
pattugliare (vt)	patrulloj	[patruɫój]
sentinella (f)	rojë (f)	[rójə]
guerriero (m)	luftëtar (m)	[luftətár]
patriota (m)	patriot (m)	[patriót]
eroe (m)	hero (m)	[hɛró]
eroina (f)	heroinë (f)	[hɛroínə]
traditore (m)	tradhtar (m)	[traðtár]
tradire (vt)	tradhtoj	[traðtój]
disertore (m)	dezertues (m)	[dɛzɛrtúɛs]
disertare (vi)	dezertoj	[dɛzɛrtój]
mercenario (m)	mercenar (m)	[mɛrtsɛnár]
recluta (f)	rekrut (m)	[rɛkrút]
volontario (m)	vullnetar (m)	[vuɫnɛtár]
ucciso (m)	vdekur (m)	[vdékur]
ferito (m)	i plagosur (m)	[i plagósur]
prigioniero (m) di guerra	rob lufte (m)	[rob lúftɛ]

112. Guerra. Azioni militari. Parte 1

guerra (f)	luftë (f)	[lúftə]
essere in guerra	në luftë	[nə lúftə]

guerra (f) civile	luftë civile (f)	[lúftə tsivílɛ]
perfidamente	pabesisht	[pabɛsíʃt]
dichiarazione (f) di guerra	shpallje lufte (f)	[ʃpátjɛ lúftɛ]
dichiarare (~ guerra)	shpall	[ʃpaɫ]
aggressione (f)	agresion (m)	[agrɛsión]
attaccare (vt)	sulmoj	[sulmój]

invadere (vt)	pushtoj	[puʃtój]
invasore (m)	pushtues (m)	[puʃtúɛs]
conquistatore (m)	pushtues (m)	[puʃtúɛs]

difesa (f)	mbrojtje (f)	[mbrójtjɛ]
difendere (~ un paese)	mbroj	[mbrój]
difendersi (vr)	mbrohem	[mbróhɛm]

nemico (m)	armik (m)	[armík]
avversario (m)	kundërshtar (m)	[kundərʃtár]
ostile (agg)	armike	[armíkɛ]

strategia (f)	strategji (f)	[stratɛɟí]
tattica (f)	taktikë (f)	[taktíkə]

ordine (m)	urdhër (m)	[úrðər]
comando (m)	komandë (f)	[komándə]
ordinare (vt)	urdhëroj	[urðərój]
missione (f)	mision (m)	[misión]
segreto (agg)	sekret	[sɛkrét]

battaglia (f), combattimento (m)	betejë (f)	[bɛtéjə]
combattimento (m)	luftim (m)	[luftím]

attacco (m)	sulm (m)	[sulm]
assalto (m)	sulm (m)	[sulm]
assalire (vt)	sulmoj	[sulmój]
assedio (m)	nën rrethim (m)	[nən rɛθím]

offensiva (f)	sulm (m)	[sulm]
passare all'offensiva	kaloj në sulm	[kalój nə súlm]

ritirata (f)	tërheqje (f)	[tərhécjɛ]
ritirarsi (vr)	tërhiqem	[tərhícɛm]

accerchiamento (m)	rrethim (m)	[rɛθím]
accerchiare (vt)	rrethoj	[rɛθój]

bombardamento (m)	bombardim (m)	[bombardím]
lanciare una bomba	hedh bombë	[hɛð bómbə]
bombardare (vt)	bombardoj	[bombardój]
esplosione (f)	shpërthim (m)	[ʃpərθím]

sparo (m)	e shtënë (f)	[ɛ ʃténə]
sparare un colpo	qëlloj	[cəɫój]
sparatoria (f)	të shtëna (pl)	[tə ʃténa]

puntare su ...	vë në shënjestër	[və nə ʃənéstər]
puntare (~ una pistola)	drejtoj armën	[drɛjtój ármən]

colpire (~ il bersaglio)	qëlloj	[cəłój]
affondare (mandare a fondo)	fundos	[fundós]
falla (f)	vrimë (f)	[vrímə]
affondare (andare a fondo)	fundoset	[fundósɛt]
fronte (m) (~ di guerra)	front (m)	[front]
evacuazione (f)	evakuim (m)	[ɛvakuím]
evacuare (vt)	evakuoj	[ɛvakuój]
trincea (f)	llogore (f)	[łogórɛ]
filo (m) spinato	tel me gjemba (m)	[tɛl mɛ ɟémba]
sbarramento (m)	pengesë (f)	[pɛŋésə]
torretta (f) di osservazione	kullë vrojtuese (f)	[kúłə vrojtúɛsɛ]
ospedale (m) militare	spital ushtarak (m)	[spitál uʃtarák]
ferire (vt)	plagos	[plagós]
ferita (f)	plagë (f)	[plágə]
ferito (m)	i plagosur (m)	[i plagósur]
rimanere ferito	jam i plagosur	[jam i plagósur]
grave (ferita ~)	rëndë	[rə́ndə]

113. Guerra. Azioni militari. Parte 2

prigionia (f)	burgosje (f)	[burgósjɛ]
fare prigioniero	zë rob	[zə rob]
essere prigioniero	mbahem rob	[mbáhɛm rób]
essere fatto prigioniero	zihem rob	[zíhɛm rob]
campo (m) di concentramento	kamp përqendrimi (m)	[kamp pərcɛndrími]
prigioniero (m) di guerra	rob lufte (m)	[rob lúftɛ]
fuggire (vi)	arratisem	[aratísɛm]
tradire (vt)	tradhtoj	[traðtój]
traditore (m)	tradhtar (m)	[traðtár]
tradimento (m)	tradhti (f)	[traðtí]
fucilare (vt)	ekzekutoj	[ɛkzɛkutój]
fucilazione (f)	ekzekutim (m)	[ɛkzɛkutím]
divisa (f) militare	armatim (m)	[armatím]
spallina (f)	spaletë (f)	[spalétə]
maschera (f) antigas	maskë antigaz (f)	[máskə antigáz]
radiotrasmettitore (m)	radiomarrëse (f)	[radiomárəsɛ]
codice (m)	kod sekret (m)	[kód sɛkrét]
complotto (m)	komplot (m)	[komplót]
parola (f) d'ordine	fjalëkalim (m)	[fjaləkalím]
mina (f)	minë tokësore (f)	[mínə tokəsórɛ]
minare (~ la strada)	minoj	[minój]
campo (m) minato	fushë e minuar (f)	[fúʃə ɛ minúar]
allarme (m) aereo	alarm sulmi ajror (m)	[alárm súlmi ajrór]
allarme (m)	alarm (m)	[alárm]

segnale (m)	sinjal (m)	[siɲál]
razzo (m) di segnalazione	sinjalizues (m)	[siɲalizúɛs]
quartier (m) generale	selia qendrore (f)	[sɛlía cɛndrórɛ]
esplorazione (m)	zbulim (m)	[zbulím]
situazione (f)	gjendje (f)	[ɟéndjɛ]
rapporto (m)	raport (m)	[rapórt]
agguato (m)	pritë (f)	[prítə]
rinforzo (m)	përforcim (m)	[pərfortsím]
bersaglio (m)	shënjestër (f)	[ʃəɲéstər]
terreno (m) di caccia	poligon (m)	[poligón]
manovre (f pl)	manovra ushtarake (f)	[manóvra uʃtarákɛ]
panico (m)	panik (m)	[paník]
devastazione (f)	shkatërrim (m)	[ʃkatərím]
distruzione (m)	gërmadha (pl)	[gərmáða]
distruggere (vt)	shkatërroj	[ʃkatərój]
sopravvivere (vi, vt)	mbijetoj	[mbijɛtój]
disarmare (vt)	çarmatos	[tʃarmatós]
maneggiare (una pistola, ecc.)	manovroj	[manovrój]
Attenti!	Gatitu!	[gatitú!]
Riposo!	Qetësohu!	[cɛtəsóhu!]
atto (m) eroico	akt heroik (m)	[ákt hɛroík]
giuramento (m)	betim (m)	[bɛtím]
giurare (vi)	betohem	[bɛtóhɛm]
decorazione (f)	dekoratë (f)	[dɛkorátə]
decorare (qn)	dekoroj	[dɛkorój]
medaglia (f)	medalje (f)	[mɛdáljɛ]
ordine (m) (~ al Merito)	urdhër medalje (m)	[úrðər mɛdáljɛ]
vittoria (f)	fitore (f)	[fitórɛ]
sconfitta (m)	humbje (f)	[húmbjɛ]
armistizio (m)	armëpushim (m)	[armәpuʃím]
bandiera (f)	flamur beteje (m)	[flamúr bɛtéjɛ]
gloria (f)	famë (f)	[fámə]
parata (f)	paradë (f)	[parádə]
marciare (in parata)	marshoj	[marʃój]

114. Armi

armi (f pl)	armë (f)	[árməә]
arma (f) da fuoco	armë zjarri (f)	[árməә zjári]
arma (f) bianca	armë të ftohta (pl)	[árməә tə ftóhta]
armi (f pl) chimiche	armë kimike (f)	[árməә kimíkɛ]
nucleare (agg)	nukleare	[nuklɛárɛ]
armi (f pl) nucleari	armë nukleare (f)	[árməә nuklɛárɛ]

bomba (f)	bombë (f)	[bómbə]
bomba (f) atomica	bombë atomike (f)	[bómbə atomíkɛ]
pistola (f)	pistoletë (f)	[pistolétə]
fucile (m)	pushkë (f)	[púʃkə]
mitra (m)	mitraloz (m)	[mitralóz]
mitragliatrice (f)	mitraloz (m)	[mitralóz]
bocca (f)	grykë (f)	[grýkə]
canna (f)	tytë pushke (f)	[týtə púʃkɛ]
calibro (m)	kalibër (m)	[kalíbər]
grilletto (m)	këmbëz (f)	[kémbəz]
mirino (m)	shënjestër (f)	[ʃəɲéstər]
caricatore (m)	karikator (m)	[karikatór]
calcio (m)	qytë (f)	[cýtə]
bomba (f) a mano	bombë dore (f)	[bómbə dórɛ]
esplosivo (m)	eksploziv (m)	[ɛksplozív]
pallottola (f)	plumb (m)	[plúmb]
cartuccia (f)	fishek (m)	[fiʃék]
carica (f)	karikim (m)	[karikím]
munizioni (f pl)	municion (m)	[munitsión]
bombardiere (m)	avion bombardues (m)	[avión bombardúɛs]
aereo (m) da caccia	avion luftarak (m)	[avión luftarák]
elicottero (m)	helikopter (m)	[hɛlikoptér]
cannone (m) antiaereo	armë anti-ajrore (f)	[ármə ánti-ajrórɛ]
carro (m) armato	tank (m)	[tank]
cannone (m)	top tanku (m)	[top tánku]
artiglieria (f)	artileri (f)	[artilɛrí]
cannone (m)	top (m)	[top]
mirare a ...	vë në shënjestër	[və nə ʃəɲéstər]
proiettile (m)	mortajë (f)	[mortájə]
granata (f) da mortaio	bombë mortaje (f)	[bómbə mortájɛ]
mortaio (m)	mortajë (f)	[mortájə]
scheggia (f)	copëz mortaje (f)	[tsópəz mortájɛ]
sottomarino (m)	nëndetëse (f)	[nəndétəsɛ]
siluro (m)	silurë (f)	[silúrə]
missile (m)	raketë (f)	[rakétə]
caricare (~ una pistola)	mbush	[mbúʃ]
sparare (vi)	qëlloj	[cəɫój]
puntare su ...	drejtoj	[drɛjtój]
baionetta (f)	bajonetë (f)	[bajonétə]
spada (f)	shpatë (f)	[ʃpátə]
sciabola (f)	shpatë (f)	[ʃpátə]
lancia (f)	shtizë (f)	[ʃtízə]
arco (m)	hark (m)	[hárk]
freccia (f)	shigjetë (f)	[ʃɟétə]

moschetto (m)	musketë (f)	[muskétə]
balestra (f)	pushkë-shigjetë (f)	[púʃkə-ʃɟétə]

115. Gli antichi

primitivo (agg)	prehistorik	[prɛhistorík]
preistorico (agg)	prehistorike	[prɛhistoríkɛ]
antico (agg)	i lashtë	[i láʃtə]
Età (f) della pietra	Epoka e Gurit (f)	[ɛpóka ɛ gúrit]
Età (f) del bronzo	Epoka e Bronzit (f)	[ɛpóka ɛ brónzit]
epoca (f) glaciale	Epoka e akullit (f)	[ɛpóka ɛ ákuɫit]
tribù (f)	klan (m)	[klan]
cannibale (m)	kanibal (m)	[kanibál]
cacciatore (m)	gjahtar (m)	[ɟahtár]
cacciare (vt)	dal për gjah	[dál pər ɟáh]
mammut (m)	mamut (m)	[mamút]
caverna (f), grotta (f)	shpellë (f)	[ʃpéɫə]
fuoco (m)	zjarr (m)	[zjar]
falò (m)	zjarr kampingu (m)	[zjar kampíŋu]
pittura (f) rupestre	vizatim në shpella (m)	[vizatím nə ʃpéɫa]
strumento (m) di lavoro	vegël (f)	[végəl]
lancia (f)	shtizë (f)	[ʃtízə]
ascia (f) di pietra	sëpatë guri (f)	[səpátə gúri]
essere in guerra	në luftë	[nə lúftə]
addomesticare (vt)	zbus	[zbus]
idolo (m)	idhull (m)	[íðuɫ]
idolatrare (vt)	adhuroj	[aðurój]
superstizione (f)	besëtytni (f)	[bɛsətytní]
rito (m)	rit (m)	[rit]
evoluzione (f)	evolucion (m)	[ɛvolutsión]
sviluppo (m)	zhvillim (m)	[ʒviɫím]
estinzione (f)	zhdukje (f)	[ʒdúkjɛ]
adattarsi (vr)	përshtatem	[pərʃtátɛm]
archeologia (f)	arkeologji (f)	[arkɛoloɟí]
archeologo (m)	arkeolog (m)	[arkɛológ]
archeologico (agg)	arkeologjike	[arkɛoloɟíkɛ]
sito (m) archeologico	vendi i gërmimeve (m)	[véndi i gərmímɛvɛ]
scavi (m pl)	gërmime (pl)	[gərmímɛ]
reperto (m)	zbulim (m)	[zbulím]
frammento (m)	fragment (m)	[fragmént]

116. Il Medio Evo

popolo (m)	popull (f)	[pópuɫ]
popoli (m pl)	popuj (pl)	[pópuj]

| tribù (f) | klan (m) | [klan] |
| tribù (f pl) | klane (pl) | [kláne] |

barbari (m pl)	barbarë (pl)	[barbárə]
galli (m pl)	Galët (pl)	[gálət]
goti (m pl)	Gotët (pl)	[gótət]
slavi (m pl)	Sllavët (pl)	[stávət]
vichinghi (m pl)	Vikingët (pl)	[vikíŋət]

| romani (m pl) | Romakët (pl) | [romákət] |
| romano (agg) | romak | [romák] |

bizantini (m pl)	Bizantinët (pl)	[bizantínət]
Bisanzio (m)	Bizanti (m)	[bizánti]
bizantino (agg)	bizantine	[bizantíne]

imperatore (m)	perandor (m)	[pɛrandór]
capo (m)	prijës (m)	[príjəs]
potente (un re ~)	i fuqishëm	[i fucíʃəm]
re (m)	mbret (m)	[mbrét]
governante (m) (sovrano)	sundimtar (m)	[sundimtár]

cavaliere (m)	kalorës (m)	[kalórəs]
feudatario (m)	lord feudal (m)	[lórd fɛudál]
feudale (agg)	feudal	[fɛudál]
vassallo (m)	vasal (m)	[vasál]

duca (m)	dukë (f)	[dúkə]
conte (m)	kont (m)	[kont]
barone (m)	baron (m)	[barón]
vescovo (m)	peshkop (m)	[pɛʃkóp]

armatura (f)	parzmore (f)	[parzmórɛ]
scudo (m)	mburojë (f)	[mburójə]
spada (f)	shpatë (f)	[ʃpátə]
visiera (f)	ballnik (m)	[batník]
cotta (f) di maglia	thurak (m)	[θurák]

| crociata (f) | Kryqëzata (f) | [krycəzáta] |
| crociato (m) | kryqtar (m) | [kryctár] |

territorio (m)	territor (m)	[tɛritór]
attaccare (vt)	sulmoj	[sulmój]
conquistare (vt)	mposht	[mpóʃt]
occupare (invadere)	pushtoj	[puʃtój]

assedio (m)	nën rrethim (m)	[nən rɛθím]
assediato (agg)	i rrethuar	[i rɛθúar]
assediare (vt)	rrethoj	[rɛθój]

inquisizione (f)	inkuizicion (m)	[inkuizitsión]
inquisitore (m)	inkuizitor (m)	[inkuizitór]
tortura (f)	torturë (f)	[tortúrə]
crudele (agg)	mizor	[mizór]
eretico (m)	heretik (m)	[hɛrɛtík]
eresia (f)	herezi (f)	[hɛrɛzí]

navigazione (f)	lundrim (m)	[lundrím]
pirata (m)	pirat (m)	[pirát]
pirateria (f)	pirateri (f)	[piratɛrí]
arrembaggio (m)	sulm me anije (m)	[sulm mɛ aníjɛ]
bottino (m)	plaçkë (f)	[plátʃkə]
tesori (m)	thesare (pl)	[θɛsárɛ]
scoperta (f)	zbulim (m)	[zbulím]
scoprire (~ nuove terre)	zbuloj	[zbulój]
spedizione (f)	ekspeditë (f)	[ɛkspɛdítə]
moschettiere (m)	musketar (m)	[muskɛtár]
cardinale (m)	kardinal (m)	[kardinál]
araldica (f)	heraldikë (f)	[hɛraldíkə]
araldico (agg)	heraldik	[hɛraldík]

117. Leader. Capo. Le autorità

re (m)	mbret (m)	[mbrét]
regina (f)	mbretëreshë (f)	[mbrɛtəréʃə]
reale (agg)	mbretërore	[mbrɛtərórɛ]
regno (m)	mbretëri (f)	[mbrɛtərí]
principe (m)	princ (m)	[prints]
principessa (f)	princeshë (f)	[printséʃə]
presidente (m)	president (m)	[prɛsidént]
vicepresidente (m)	zëvendës president (m)	[zəvéndəs prɛsidént]
senatore (m)	senator (m)	[sɛnatór]
monarca (m)	monark (m)	[monárk]
governante (m) (sovrano)	sundimtar (m)	[sundimtár]
dittatore (m)	diktator (m)	[diktatór]
tiranno (m)	tiran (m)	[tirán]
magnate (m)	manjat (m)	[maɲát]
direttore (m)	drejtor (m)	[drɛjtór]
capo (m)	udhëheqës (m)	[uðəhécəs]
dirigente (m)	drejtor (m)	[drɛjtór]
capo (m)	bos (m)	[bos]
proprietario (m)	pronar (m)	[pronár]
leader (m)	lider (m)	[lidér]
capo (m) (~ delegazione)	kryetar (m)	[kryɛtár]
autorità (f pl)	autoritetet (pl)	[autoritétɛt]
superiori (m pl)	eprorët (pl)	[ɛprórət]
governatore (m)	guvernator (m)	[guvɛrnatór]
console (m)	konsull (m)	[kónsuɫ]
diplomatico (m)	diplomat (m)	[diplomát]
sindaco (m)	kryetar komune (m)	[kryɛtár komúnɛ]
sceriffo (m)	sherif (m)	[ʃɛríf]
imperatore (m)	perandor (m)	[pɛrandór]
zar (m)	car (m)	[tsár]

faraone (m)	faraon (m)	[faraón]
khan (m)	khan (m)	[khán]

118. Infrangere la legge. Criminali. Parte 1

bandito (m)	bandit (m)	[bandít]
delitto (m)	krim (m)	[krim]
criminale (m)	kriminel (m)	[kriminél]
ladro (m)	hajdut (m)	[hajdút]
rubare (vi, vt)	vjedh	[vjɛð]
furto (m), ruberia (f)	vjedhje (f)	[vjéðjɛ]
rapire (vt)	rrëmbej	[rəmbéj]
rapimento (m)	rrëmbim (m)	[rəmbím]
rapitore (m)	rrëmbyes (m)	[rəmbýɛs]
riscatto (m)	shpërblesë (f)	[ʃpərblésə]
chiedere il riscatto	kërkoj shpërblesë	[kərkój ʃpərblésə]
rapinare (vt)	grabis	[grabís]
rapina (f)	grabitje (f)	[grabítjɛ]
rapinatore (m)	grabitës (m)	[grabítəs]
estorcere (vt)	zhvat	[ʒvat]
estorsore (m)	zhvatës (m)	[ʒvátəs]
estorsione (f)	zhvatje (f)	[ʒvátjɛ]
uccidere (vt)	vras	[vras]
assassinio (m)	vrasje (f)	[vrásjɛ]
assassino (m)	vrasës (m)	[vrásəs]
sparo (m)	e shtënë (f)	[ɛ ʃténə]
tirare un colpo	qëlloj	[cəɫój]
abbattere (con armi da fuoco)	qëlloj për vdekje	[cəɫój pər vdékjɛ]
sparare (vi)	qëlloj	[cəɫój]
sparatoria (f)	të shtëna (pl)	[tə ʃténa]
incidente (m) (rissa, ecc.)	incident (m)	[intsidént]
rissa (f)	përleshje (f)	[pərléʃjɛ]
Aiuto!	Ndihmë!	[ndíhmə!]
vittima (f)	viktimë (f)	[viktímə]
danneggiare (vt)	dëmtoj	[dəmtój]
danno (m)	dëm (m)	[dəm]
cadavere (m)	kufomë (f)	[kufómə]
grave (reato ~)	i rëndë	[i réndə]
aggredire (vt)	sulmoj	[sulmój]
picchiare (vt)	rrah	[rah]
malmenare (picchiare)	sakatoj	[sakatój]
sottrarre (vt)	rrëmbej	[rəmbéj]
accoltellare a morte	ther për vdekje	[θɛr pər vdékjɛ]
mutilare (vt)	gjymtoj	[ɟymtój]

ferire (vt)	plagos	[plagós]
ricatto (m)	shantazh (m)	[ʃantáʒ]
ricattare (vt)	bëj shantazh	[bəj ʃantáʒ]
ricattatore (m)	shantazhist (m)	[ʃantaʒíst]
estorsione (f)	rrjet mashtrimi (m)	[rjét maʃtrími]
estortore (m)	mashtrues (m)	[maʃtrúɛs]
gangster (m)	gangster (m)	[gaŋstér]
mafia (f)	mafia (f)	[máfia]
borseggiatore (m)	vjedhës xhepash (m)	[vjéðəs dʒépaʃ]
scassinatore (m)	hajdut (m)	[hajdút]
contrabbando (m)	trafikim (m)	[trafikím]
contrabbandiere (m)	trafikues (m)	[trafikúɛs]
falsificazione (f)	falsifikim (m)	[falsifikím]
falsificare (vt)	falsifikoj	[falsifikój]
falso, falsificato (agg)	fals	[fáls]

119. Infrangere la legge. Criminali. Parte 2

stupro (m)	përdhunim (m)	[pərðuním]
stuprare (vt)	përdhunoj	[pərðunój]
stupratore (m)	përdhunues (m)	[pərðunúɛs]
maniaco (m)	maniak (m)	[maniák]
prostituta (f)	prostitutë (f)	[prostitútə]
prostituzione (f)	prostitucion (m)	[prostitutsión]
magnaccia (m)	tutor (m)	[tutór]
drogato (m)	narkoman (m)	[narkomán]
trafficante (m) di droga	trafikant droge (m)	[trafikánt drógɛ]
far esplodere	shpërthej	[ʃpərθéj]
esplosione (f)	shpërthim (m)	[ʃpərθím]
incendiare (vt)	vë flakën	[və flákən]
incendiario (m)	zjarrvënës (m)	[zjarvénɛs]
terrorismo (m)	terrorizëm (m)	[tɛrorízəm]
terrorista (m)	terrorist (m)	[tɛroríst]
ostaggio (m)	peng (m)	[pɛŋ]
imbrogliare (vt)	mashtroj	[maʃtrój]
imbroglio (m)	mashtrim (m)	[maʃtrím]
imbroglione (m)	mashtrues (m)	[maʃtrúɛs]
corrompere (vt)	jap ryshfet	[jap ryʃfét]
corruzione (f)	ryshfet (m)	[ryʃfét]
bustarella (f)	ryshfet (m)	[ryʃfét]
veleno (m)	helm (m)	[hɛlm]
avvelenare (vt)	helmoj	[hɛlmój]
avvelenarsi (vr)	helmohem	[hɛlmóhɛm]
suicidio (m)	vetëvrasje (f)	[vɛtəvrásjɛ]

suicida (m)	vetëvrasës (m)	[vɛtəvrásəs]
minacciare (vt)	kërcënoj	[kərtsənój]
minaccia (f)	kërcënim (m)	[kərtsəním]
attentare (vi)	tentoj	[tɛntój]
attentato (m)	atentat (m)	[atɛntát]
rubare (~ una macchina)	vjedh	[vjɛð]
dirottare (~ un aereo)	rrëmbej	[rəmbéj]
vendetta (f)	hakmarrje (f)	[hakmárjɛ]
vendicare (vt)	hakmerrem	[hakmérɛm]
torturare (vt)	torturoj	[torturój]
tortura (f)	torturë (f)	[tortúrə]
maltrattare (vt)	torturoj	[torturój]
pirata (m)	pirat (m)	[pirát]
teppista (m)	huligan (m)	[huligán]
armato (agg)	i armatosur	[i armatósur]
violenza (f)	dhunë (f)	[ðúnə]
illegale (agg)	ilegal	[ilɛgál]
spionaggio (m)	spiunazh (m)	[spiunáʒ]
spiare (vi)	spiunoj	[spiunój]

120. Polizia. Legge. Parte 1

giustizia (f)	drejtësi (f)	[drɛjtəsí]
tribunale (m)	gjykatë (f)	[ɟykátə]
giudice (m)	gjykatës (m)	[ɟykátəs]
giurati (m)	anëtar jurie (m)	[anətár juríɛ]
processo (m) con giuria	gjyq me juri (m)	[ɟýc mɛ jurí]
giudicare (vt)	gjykoj	[ɟykój]
avvocato (m)	avokat (m)	[avokát]
imputato (m)	pandehur (m)	[pandéhur]
banco (m) degli imputati	bankë e të pandehurit (f)	[bánkə ɛ tə pandéhurit]
accusa (f)	akuzë (f)	[akúzə]
accusato (m)	i akuzuar (m)	[i akuzúar]
condanna (f)	vendim (m)	[vɛndím]
condannare (vt)	dënoj	[dənój]
colpevole (m)	fajtor (m)	[fajtór]
punire (vt)	ndëshkoj	[ndəʃkój]
punizione (f)	ndëshkim (m)	[ndəʃkím]
multa (f), ammenda (f)	gjobë (f)	[ɟóbə]
ergastolo (m)	burgim i përjetshëm (m)	[burgím i pərjétʃəm]
pena (f) di morte	dënim me vdekje (m)	[dəním mɛ vdékjɛ]
sedia (f) elettrica	karrige elektrike (f)	[karígɛ ɛlɛktríkɛ]
impiccagione (f)	varje (f)	[várjɛ]

giustiziare (vt)	ekzekutoj	[ɛkzɛkutój]
esecuzione (f)	ekzekutim (m)	[ɛkzɛkutím]
prigione (f)	burg (m)	[búrg]
cella (f)	qeli (f)	[cɛlí]
scorta (f)	eskortë (f)	[ɛskórtə]
guardia (f) carceraria	gardian burgu (m)	[gardián búrgu]
prigioniero (m)	i burgosur (m)	[i burgósur]
manette (f pl)	pranga (f)	[práŋa]
mettere le manette	vë prangat	[və práŋat]
fuga (f)	arratisje nga burgu (f)	[aratísjɛ ŋa búrgu]
fuggire (vi)	arratisem	[aratísɛm]
scomparire (vi)	zhduk	[ʒduk]
liberare (vt)	dal nga burgu	[dál ŋa búrgu]
amnistia (f)	amnisti (f)	[amnistí]
polizia (f)	polici (f)	[politsí]
poliziotto (m)	polic (m)	[políts]
commissariato (m)	komisariat (m)	[komisariát]
manganello (m)	shkop gome (m)	[ʃkop gómɛ]
altoparlante (m)	altoparlant (m)	[altoparlánt]
macchina (f) di pattuglia	makinë patrullimi (f)	[makínə patruɫími]
sirena (f)	alarm (m)	[alárm]
mettere la sirena	ndez sirenën	[ndɛz sirénən]
suono (m) della sirena	zhurmë alarmi (f)	[ʒúrmə alármi]
luogo (m) del crimine	skenë krimi (f)	[skénə krími]
testimone (m)	dëshmitar (m)	[dəʃmitár]
libertà (f)	liri (f)	[lirí]
complice (m)	bashkëpunëtor (m)	[baʃkəpunətór]
fuggire (vi)	zhdukem	[ʒdúkɛm]
traccia (f)	gjurmë (f)	[ɟúrmə]

121. Polizia. Legge. Parte 2

ricerca (f) (~ di un criminale)	kërkim (m)	[kərkím]
cercare (vt)	kërkoj ...	[kərkój ...]
sospetto (m)	dyshim (m)	[dyʃím]
sospetto (agg)	i dyshuar	[i dyʃúar]
fermare (vt)	ndaloj	[ndalój]
arrestare (qn)	mbaj të ndaluar	[mbáj tə ndalúar]
causa (f)	padi (f)	[padí]
inchiesta (f)	hetim (m)	[hɛtím]
detective (m)	detektiv (m)	[dɛtɛktív]
investigatore (m)	hetues (m)	[hɛtúɛs]
versione (f)	hipotezë (f)	[hipotézə]
movente (m)	motiv (m)	[motív]
interrogatorio (m)	marrje në pyetje (f)	[márjɛ nə pýɛtjɛ]

interrogare (sospetto)	marr në pyetje	[mar nə pýɛtjɛ]
interrogare (vicini)	pyes	[pýɛs]
controllo (m) (~ di polizia)	verifikim (m)	[vɛrifikím]

retata (f)	kontroll në grup (m)	[kontrółnə grúp]
perquisizione (f)	bastisje (f)	[bastísjɛ]
inseguimento (m)	ndjekje (f)	[ndjékjɛ]
inseguire (vt)	ndjek	[ndjék]
essere sulle tracce	ndjek	[ndjék]

arresto (m)	arrestim (m)	[arɛstím]
arrestare (qn)	arrestoj	[arɛstój]
catturare (~ un ladro)	kap	[kap]
cattura (f)	kapje (f)	[kápjɛ]

documento (m)	dokument (m)	[dokumént]
prova (f), reperto (m)	provë (f)	[próvə]
provare (vt)	dëshmoj	[dəʃmój]
impronta (f) del piede	gjurmë (f)	[ɟúrmə]
impronte (f pl) digitali	shenja gishtash (pl)	[ʃéɲa gíʃtaʃ]
elemento (m) di prova	provë (f)	[próvə]

alibi (m)	alibi (f)	[alibí]
innocente (agg)	i pafajshëm	[i pafájʃəm]
ingiustizia (f)	padrejtësi (f)	[padrɛjtəsí]
ingiusto (agg)	i padrejtë	[i padréjtə]

criminale (agg)	kriminale	[kriminálɛ]
confiscare (vt)	konfiskoj	[konfiskój]
droga (f)	drogë (f)	[drógə]
armi (f pl)	armë (f)	[ármə]
disarmare (vt)	çarmatos	[tʃarmatós]
ordinare (vt)	urdhëroj	[urðərój]
sparire (vi)	zhduk	[ʒduk]

legge (f)	ligj (m)	[liɟ]
legale (agg)	ligjor	[liɟór]
illegale (agg)	i paligjshëm	[i palíɟʃəm]

responsabilità (f)	përgjegjësi (f)	[pərɟɛɟəsí]
responsabile (agg)	përgjegjës	[pərɟéɟəs]

LA NATURA

La Terra. Parte 1

122. L'Universo

cosmo (m)	hapësirë (f)	[hapəsírə]
cosmico, spaziale (agg)	hapësinor	[hapəsinór]
spazio (m) cosmico	kozmos (m)	[kozmós]
mondo (m)	botë (f)	[bótə]
universo (m)	univers	[univérs]
galassia (f)	galaksi (f)	[galaksí]
stella (f)	yll (m)	[yɫ]
costellazione (f)	yllësi (f)	[yɫəsí]
pianeta (m)	planet (m)	[planét]
satellite (m)	satelit (m)	[satɛlít]
meteorite (m)	meteor (m)	[mɛtɛór]
cometa (f)	kometë (f)	[kométə]
asteroide (m)	asteroid (m)	[astɛroíd]
orbita (f)	orbitë (f)	[orbítə]
ruotare (vi)	rrotullohet	[rotuɫóhɛt]
atmosfera (f)	atmosferë (f)	[atmosférə]
il Sole	Dielli (m)	[diéɫi]
sistema (m) solare	sistemi diellor (m)	[sistémi diɛɫór]
eclisse (f) solare	eklips diellor (m)	[ɛklíps diɛɫór]
la Terra	Toka (f)	[tóka]
la Luna	Hëna (f)	[hə́na]
Marte (m)	Marsi (m)	[mársi]
Venere (f)	Venera (f)	[vɛnéra]
Giove (m)	Jupiteri (m)	[jupitéri]
Saturno (m)	Saturni (m)	[satúrni]
Mercurio (m)	Merkuri (m)	[mɛrkúri]
Urano (m)	Urani (m)	[uráni]
Nettuno (m)	Neptuni (m)	[nɛptúni]
Plutone (m)	Pluto (f)	[plúto]
Via (f) Lattea	Rruga e Qumështit (f)	[rúga ɛ cúməʃtit]
Orsa (f) Maggiore	Arusha e Madhe (f)	[arúʃa ɛ máðɛ]
Stella (f) Polare	ylli i Veriut (m)	[ýɫi i vériut]
marziano (m)	Marsian (m)	[marsián]
extraterrestre (m)	jashtëtokësor (m)	[jaʃtətokəsór]

alieno (m)	alien (m)	[alién]
disco (m) volante	disk fluturues (m)	[dísk fluturúɛs]
nave (f) spaziale	anije kozmike (f)	[aníjɛ kozmíkɛ]
stazione (f) spaziale	stacion kozmik (m)	[statsión kozmík]
lancio (m)	ngritje (f)	[ŋrítjɛ]
motore (m)	motor (m)	[motór]
ugello (m)	dizë (f)	[dízə]
combustibile (m)	karburant (m)	[karburánt]
cabina (f) di pilotaggio	kabinë pilotimi (f)	[kabínə pilotími]
antenna (f)	antenë (f)	[anténə]
oblò (m)	dritare anësore (f)	[dritárɛ anəsórɛ]
batteria (f) solare	panel solar (m)	[panél solár]
scafandro (m)	veshje astronauti (f)	[véʃjɛ astronáuti]
imponderabilità (f)	mungesë graviteti (f)	[muŋésə gravitéti]
ossigeno (m)	oksigjen (m)	[oksiɟén]
aggancio (m)	ndërlidhje në hapësirë (f)	[ndərlíðjɛ nə hapəsírə]
agganciarsi (vr)	stacionohem	[statsionóhɛm]
osservatorio (m)	observator (m)	[obsɛrvatór]
telescopio (m)	teleskop (m)	[tɛlɛskóp]
osservare (vt)	vëzhgoj	[vəʒgój]
esplorare (vt)	eksploroj	[ɛksplorój]

123. La Terra

la Terra	Toka (f)	[tóka]
globo (m) terrestre	globi (f)	[glóbi]
pianeta (m)	planet (m)	[planét]
atmosfera (f)	atmosferë (f)	[atmosférə]
geografia (f)	gjeografi (f)	[ɟɛografí]
natura (f)	natyrë (f)	[natýrə]
mappamondo (m)	glob (m)	[glob]
carta (f) geografica	hartë (f)	[hártə]
atlante (m)	atlas (m)	[atlás]
Europa (f)	Evropa (f)	[ɛvrópa]
Asia (f)	Azia (f)	[azía]
Africa (f)	Afrika (f)	[afríka]
Australia (f)	Australia (f)	[australía]
America (f)	Amerika (f)	[amɛríka]
America (f) del Nord	Amerika Veriore (f)	[amɛríka vɛriórɛ]
America (f) del Sud	Amerika Jugore (f)	[amɛríka jugórɛ]
Antartide (f)	Antarktika (f)	[antarktíka]
Artico (m)	Arktiku (m)	[arktíku]

124. Punti cardinali

nord (m)	veri (m)	[vɛrí]
a nord	drejt veriut	[dréjt vériut]
al nord	në veri	[nə vɛrí]
del nord (agg)	verior	[vɛrióɾ]

sud (m)	jug (m)	[jug]
a sud	drejt jugut	[dréjt júgut]
al sud	në jug	[nə jug]
del sud (agg)	jugor	[jugóɾ]

ovest (m)	perëndim (m)	[pɛrəndím]
a ovest	drejt perëndimit	[dréjt pɛrəndímit]
all'ovest	në perëndim	[nə pɛrəndím]
dell'ovest, occidentale	perëndimor	[pɛrəndimóɾ]

est (m)	lindje (f)	[líndjɛ]
a est	drejt lindjes	[dréjt líndjɛs]
all'est	në lindje	[nə líndjɛ]
dell'est, orientale	lindor	[lindóɾ]

125. Mare. Oceano

mare (m)	det (m)	[dét]
oceano (m)	oqean (m)	[ocɛán]
golfo (m)	gji (m)	[ɟi]
stretto (m)	ngushticë (f)	[ŋuʃtítsə]

terra (f) (terra firma)	tokë (f)	[tókə]
continente (m)	kontinent (m)	[kontinént]

isola (f)	ishull (m)	[íʃuɫ]
penisola (f)	gadishull (m)	[gadíʃuɫ]
arcipelago (m)	arkipelag (m)	[arkipɛlág]

baia (f)	gji (m)	[ɟi]
porto (m)	port (m)	[port]
laguna (f)	lagunë (f)	[lagúnə]
capo (m)	kep (m)	[kɛp]

atollo (m)	atol (m)	[atól]
scogliera (f)	shkëmb nënujor (m)	[ʃkəmb nənujóɾ]
corallo (m)	koral (m)	[korál]
barriera (f) corallina	korale nënujorë (f)	[korálɛ nənujórə]

profondo (agg)	i thellë	[i θéɫə]
profondità (f)	thellësi (f)	[θɛɫəsí]
abisso (m)	humnerë (f)	[humnérə]
fossa (f) (~ delle Marianne)	hendek (m)	[hɛndék]

corrente (f)	rrymë (f)	[rýmə]
circondare (vt)	rrethohet	[rɛθóhɛt]

| litorale (m) | breg (m) | [brɛg] |
| costa (f) | bregdet (m) | [brɛgdét] |

alta marea (f)	batica (f)	[batítsa]
bassa marea (f)	zbaticë (f)	[zbatítsə]
banco (m) di sabbia	cekëtinë (f)	[tsɛkətínə]
fondo (m)	fund i detit (m)	[fúnd i détit]

onda (f)	dallgë (f)	[dáɫgə]
cresta (f) dell'onda	kreshtë (f)	[kréʃtə]
schiuma (f)	shkumë (f)	[ʃkúmə]

tempesta (f)	stuhi (f)	[stuhí]
uragano (m)	uragan (m)	[uragán]
tsunami (m)	cunam (m)	[tsunám]
bonaccia (f)	qetësi (f)	[cɛtəsí]
tranquillo (agg)	i qetë	[i cétə]

| polo (m) | pol (m) | [pol] |
| polare (agg) | polar | [polár] |

latitudine (f)	gjerësi (f)	[ɟɛrəsí]
longitudine (f)	gjatësi (f)	[ɟatəsí]
parallelo (m)	paralele (f)	[paralélɛ]
equatore (m)	ekuator (m)	[ɛkuatór]

cielo (m)	qiell (m)	[cíɛɫ]
orizzonte (m)	horizont (m)	[horizónt]
aria (f)	ajër (m)	[ájər]

faro (m)	fanar (m)	[fanár]
tuffarsi (vr)	zhytem	[ʒýtɛm]
affondare (andare a fondo)	fundosje	[fundósjɛ]
tesori (m)	thesare (pl)	[θɛsárɛ]

126. Nomi dei mari e degli oceani

Oceano (m) Atlantico	Oqeani Atlantik (m)	[ocɛáni atlantík]
Oceano (m) Indiano	Oqeani Indian (m)	[ocɛáni indián]
Oceano (m) Pacifico	Oqeani Paqësor (m)	[ocɛáni pacəsór]
mar (m) Glaciale Artico	Oqeani Arktik (m)	[ocɛáni arktík]

mar (m) Nero	Deti i Zi (m)	[déti i zí]
mar (m) Rosso	Deti i Kuq (m)	[déti i kúc]
mar (m) Giallo	Deti i Verdhë (m)	[déti i vérðə]
mar (m) Bianco	Deti i Bardhë (m)	[déti i bárðə]

mar (m) Caspio	Deti Kaspik (m)	[déti kaspík]
mar (m) Morto	Deti i Vdekur (m)	[déti i vdékur]
mar (m) Mediterraneo	Deti Mesdhe (m)	[déti mɛsðé]

mar (m) Egeo	Deti Egje (m)	[déti ɛɟé]
mar (m) Adriatico	Deti Adriatik (m)	[déti adriatík]
mar (m) Arabico	Deti Arab (m)	[déti aráb]

mar (m) del Giappone	Deti i Japonisë (m)	[déti i japonísə]
mare (m) di Bering	Deti Bering (m)	[déti bériŋ]
mar (m) Cinese meridionale	Deti i Kinës Jugore (m)	[déti i kínəs jugórɛ]
mar (m) dei Coralli	Deti Koral (m)	[déti korál]
mar (m) di Tasman	Deti Tasman (m)	[déti tasmán]
mar (m) dei Caraibi	Deti i Karaibeve (m)	[déti i karaíbɛvɛ]
mare (m) di Barents	Deti Barents (m)	[déti barénts]
mare (m) di Kara	Deti Kara (m)	[déti kára]
mare (m) del Nord	Deti i Veriut (m)	[déti i vériut]
mar (m) Baltico	Deti Baltik (m)	[déti baltík]
mare (m) di Norvegia	Deti Norvegjez (m)	[déti norvɛɟéz]

127. Montagne

monte (m), montagna (f)	mal (m)	[mal]
catena (f) montuosa	vargmal (m)	[vargmál]
crinale (m)	kresht malor (m)	[kréʃt malór]
cima (f)	majë (f)	[májə]
picco (m)	maja më e lartë (f)	[mája mə ɛ lártə]
piedi (m pl)	rrëza e malit (f)	[rəza ɛ málit]
pendio (m)	shpat (m)	[ʃpat]
vulcano (m)	vullkan (m)	[vuɫkán]
vulcano (m) attivo	vullkan aktiv (m)	[vuɫkán aktív]
vulcano (m) inattivo	vullkan i fjetur (m)	[vuɫkán i fjétur]
eruzione (f)	shpërthim (m)	[ʃpərθím]
cratere (m)	krater (m)	[kratér]
magma (m)	magmë (f)	[mágmə]
lava (f)	llavë (f)	[ɫávə]
fuso (lava ~a)	i shkrirë	[i ʃkrírə]
canyon (m)	kanion (m)	[kanión]
gola (f)	grykë (f)	[grýkə]
crepaccio (m)	çarje (f)	[tʃárjɛ]
precipizio (m)	humnerë (f)	[humnérə]
passo (m), valico (m)	kalim (m)	[kalím]
altopiano (m)	pllajë (f)	[pɫájə]
falesia (f)	shkëmb (m)	[ʃkəmb]
collina (f)	kodër (f)	[kódər]
ghiacciaio (m)	akullnajë (f)	[akuɫnájə]
cascata (f)	ujëvarë (f)	[ujəvárə]
geyser (m)	gejzer (m)	[gɛjzér]
lago (m)	liqen (m)	[licén]
pianura (f)	fushë (f)	[fúʃə]
paesaggio (m)	peizazh (m)	[pɛizáʒ]
eco (f)	jehonë (f)	[jɛhónə]

alpinista (m)	alpinist (m)	[alpiníst]
scalatore (m)	alpinist shkëmbßinjsh (m)	[alpiníst ʃkəmbiɲʃ]
conquistare (~ una cima)	pushtoj majën	[puʃtój májən]
scalata (f)	ngjitje (f)	[nɟítjɛ]

128. Nomi delle montagne

Alpi (f pl)	Alpet (pl)	[alpét]
Monte (m) Bianco	Montblanc (m)	[montblánk]
Pirenei (m pl)	Pirenejet (pl)	[pirɛnéjɛt]
Carpazi (m pl)	Karpatet (m)	[karpátɛt]
gli Urali (m pl)	Malet Urale (pl)	[málɛt urálɛ]
Caucaso (m)	Malet Kaukaze (pl)	[málɛt kaukázɛ]
Monte (m) Elbrus	Mali Elbrus (m)	[máli ɛlbrús]
Monti (m pl) Altai	Malet Altai (pl)	[málɛt altái]
Tien Shan (m)	Tian Shani (m)	[tían ʃáni]
Pamir (m)	Malet e Pamirit (m)	[málɛt ɛ pamírit]
Himalaia (m)	Himalajet (pl)	[himalájɛt]
Everest (m)	Mali Everest (m)	[máli ɛvɛrést]
Ande (f pl)	andet (pl)	[ándɛt]
Kilimangiaro (m)	Mali Kilimanxharo (m)	[máli kilimandʒáro]

129. Fiumi

fiume (m)	lum (m)	[lum]
fonte (f) (sorgente)	burim (m)	[burím]
letto (m) (~ del fiume)	shtrat lumi (m)	[ʃtrat lúmi]
bacino (m)	basen (m)	[basén]
sfociare nel ...	rrjedh ...	[rjéð ...]
affluente (m)	derdhje (f)	[dérðjɛ]
riva (f)	breg (m)	[brɛg]
corrente (f)	rrymë (f)	[rýmə]
a valle	rrjedhje e poshtme	[rjéðjɛ ɛ póʃtmɛ]
a monte	rrjedhje e sipërme	[rjéðjɛ ɛ sípərmɛ]
inondazione (f)	vërshim (m)	[vərʃím]
piena (f)	përmbytje (f)	[pərmbýtjɛ]
straripare (vi)	vërshon	[vərʃón]
inondare (vt)	përmbytet	[pərmbýtɛt]
secca (f)	cekëtinë (f)	[tsɛkətínə]
rapida (f)	rrjedhë (f)	[rjéðə]
diga (f)	digë (f)	[dígə]
canale (m)	kanal (m)	[kanál]
bacino (m) di riserva	rezervuar (m)	[rɛzɛrvuár]
chiusa (f)	pendë ujore (f)	[péndə ujórɛ]

specchio (m) d'acqua	plan hidrik (m)	[plan hidrík]
palude (f)	këneta (f)	[kənétə]
pantano (m)	moçal (m)	[motʃ ál]
vortice (m)	vorbull (f)	[vórbuɫ]

ruscello (m)	përrua (f)	[pərúa]
potabile (agg)	i pijshëm	[i píjʃəm]
dolce (di acqua ~)	i freskët	[i fréskət]

| ghiaccio (m) | akull (m) | [ákuɫ] |
| ghiacciarsi (vr) | ngrihet | [ŋríhɛt] |

130. Nomi dei fiumi

| Senna (f) | Sena (f) | [séna] |
| Loira (f) | Loire (f) | [luar] |

Tamigi (m)	Temza (f)	[témza]
Reno (m)	Rajnë (m)	[rájnə]
Danubio (m)	Danubi (m)	[danúbi]

Volga (m)	Volga (f)	[vólga]
Don (m)	Doni (m)	[dóni]
Lena (f)	Lena (f)	[léna]

Fiume (m) Giallo	Lumi i Verdhë (m)	[lúmi i vérðə]
Fiume (m) Azzurro	Jangce (f)	[jaŋtsé]
Mekong (m)	Mekong (m)	[mɛkóŋ]
Gange (m)	Gang (m)	[gaŋ]

Nilo (m)	Lumi Nil (m)	[lúmi niɫ]
Congo (m)	Lumi Kongo (m)	[lúmi kóŋo]
Okavango	Lumi Okavango (m)	[lúmi okaváŋo]
Zambesi (m)	Lumi Zambezi (m)	[lúmi zambézi]
Limpopo (m)	Lumi Limpopo (m)	[lúmi limpópo]
Mississippi (m)	Lumi Misisipi (m)	[lúmi misisípi]

131. Foresta

| foresta (f) | pyll (m) | [pyɫ] |
| forestale (agg) | pyjor | [pyjór] |

foresta (f) fitta	pyll i ngjeshur (m)	[pyɫ i nɟéʃur]
boschetto (m)	zabel (m)	[zabél]
radura (f)	lëndinë (f)	[ləndínə]

| roveto (m) | pyllëz (m) | [pýɫəz] |
| boscaglia (f) | shkurre (f) | [ʃkúrɛ] |

sentiero (m)	shteg (m)	[ʃtɛg]
calanco (m)	hon (m)	[hon]
albero (m)	pemë (f)	[pémə]

foglia (f)	gjeth (m)	[ɟɛθ]
fogliame (m)	gjethe (pl)	[ɟéθɛ]

caduta (f) delle foglie	rënie e gjetheve (f)	[rəníɛ ɛ ɟéθɛvɛ]
cadere (vi)	bien	[bíɛn]
cima (f)	maje (f)	[májɛ]

ramo (m), ramoscello (m)	degë (f)	[dégə]
ramo (m)	degë (f)	[dégə]
gemma (f)	syth (m)	[syθ]
ago (m)	shtiza pishe (f)	[ʃtíza píʃɛ]
pigna (f)	lule pishe (f)	[lúlɛ píʃɛ]

cavità (f)	zgavër (f)	[zgávər]
nido (m)	fole (f)	[folé]
tana (f) (del fox, ecc.)	strofull (f)	[strófuɫ]

tronco (m)	trung (m)	[truŋ]
radice (f)	rrënjë (f)	[réɲə]
corteccia (f)	lëvore (f)	[ləvórɛ]
musco (m)	myshk (m)	[myʃk]

sradicare (vt)	shkul	[ʃkul]
abbattere (~ un albero)	pres	[prɛs]
disboscare (vt)	shpyllëzoj	[ʃpyɫəzój]
ceppo (m)	cung (m)	[tsúŋ]

falò (m)	zjarr kampingu (m)	[zjar kampíŋu]
incendio (m) boschivo	zjarr në pyll (m)	[zjar nə pyɫ]
spegnere (vt)	shuaj	[ʃúaj]

guardia (f) forestale	roje pyjore (f)	[rójɛ pyjórɛ]
protezione (f)	mbrojtje (f)	[mbrójtjɛ]
proteggere (~ la natura)	mbroj	[mbrój]
bracconiere (m)	gjahtar i jashtëligjshëm (m)	[ɟahtár i jaʃtəlíɟʃəm]
tagliola (f) (~ per orsi)	grackë (f)	[grátskə]

raccogliere (vt)	mbledh	[mbléð]
perdersi (vr)	humb rrugën	[húmb rúgən]

132. Risorse naturali

risorse (f pl) naturali	burime natyrore (pl)	[burímɛ natyrórɛ]
minerali (m pl)	minerale (pl)	[minɛrálɛ]
deposito (m) (~ di carbone)	depozita (pl)	[dɛpozíta]
giacimento (m) (~ petrolifero)	fushë (f)	[fúʃə]

estrarre (vt)	nxjerr	[ndzjér]
estrazione (f)	nxjerrje mineralesh (f)	[ndzjérjɛ minɛrálɛʃ]
minerale (m) grezzo	xehe (f)	[dzéhɛ]
miniera (f)	minierë (f)	[miniérə]
pozzo (m) di miniera	nivel (m)	[nivél]
minatore (m)	minator (m)	[minatór]
gas (m)	gaz (m)	[gaz]

gasdotto (m)	gazsjellës (m)	[gazsjétəs]
petrolio (m)	naftë (f)	[náftə]
oleodotto (m)	naftësjellës (f)	[naftəsjétəs]
torre (f) di estrazione	pus nafte (m)	[pus náftɛ]
torre (f) di trivellazione	burim nafte (m)	[burím náftɛ]
petroliera (f)	anije-cisternë (f)	[aníjɛ-tsistérnə]

sabbia (f)	rërë (f)	[rə́rə]
calcare (m)	gur gëlqeror (m)	[gur gəlcɛrór]
ghiaia (f)	zhavorr (m)	[ʒavór]
torba (f)	torfë (f)	[tórfə]
argilla (f)	argjilë (f)	[arɟílə]
carbone (m)	qymyr (m)	[cymýr]

ferro (m)	hekur (m)	[hékur]
oro (m)	ar (m)	[ár]
argento (m)	argjend (m)	[arɟénd]
nichel (m)	nikel (m)	[nikél]
rame (m)	bakër (m)	[bákər]

zinco (m)	zink (m)	[zink]
manganese (m)	mangan (m)	[maŋán]
mercurio (m)	merkur (m)	[mɛrkúr]
piombo (m)	plumb (m)	[plúmb]

minerale (m)	mineral (m)	[minɛrál]
cristallo (m)	kristal (m)	[kristál]
marmo (m)	mermer (m)	[mɛrmér]
uranio (m)	uranium (m)	[uraniúm]

La Terra. Parte 2

133. Tempo

tempo (m)	moti (m)	[móti]
previsione (f) del tempo	parashikimi i motit (m)	[paraʃikími i mótit]
temperatura (f)	temperaturë (f)	[tɛmpɛratúrə]
termometro (m)	termometër (m)	[tɛrmométər]
barometro (m)	barometër (m)	[barométər]
umido (agg)	i lagësht	[i lágəʃt]
umidità (f)	lagështi (f)	[lagəʃtí]
caldo (m), afa (f)	vapë (f)	[vápə]
molto caldo (agg)	shumë nxehtë	[ʃúmə ndzéhtə]
fa molto caldo	është nxehtë	[éʃtə ndzéhtə]
fa caldo	është ngrohtë	[éʃtə ŋróhtə]
caldo, mite (agg)	ngrohtë	[ŋróhtə]
fa freddo	bën ftohtë	[bən ftóhtə]
freddo (agg)	i ftohtë	[i ftóhtə]
sole (m)	diell (m)	[díɛɫ]
splendere (vi)	ndriçon	[ndritʃón]
di sole (una giornata ~)	me diell	[mɛ díɛɫ]
sorgere, levarsi (vr)	agon	[agón]
tramontare (vi)	perëndon	[pɛrəndón]
nuvola (f)	re (f)	[rɛ]
nuvoloso (agg)	vranët	[vránət]
nube (f) di pioggia	re shiu (f)	[rɛ ʃiu]
nuvoloso (agg)	vranët	[vránət]
pioggia (f)	shi (m)	[ʃi]
piove	bie shi	[bíɛ ʃi]
piovoso (agg)	me shi	[mɛ ʃi]
piovigginare (vi)	shi i imët	[ʃi i ímət]
pioggia (f) torrenziale	shi litar (m)	[ʃi litár]
acquazzone (m)	stuhi shiu (f)	[stuhí ʃiu]
forte (una ~ pioggia)	i fortë	[i fórtə]
pozzanghera (f)	brakë (f)	[brákə]
bagnarsi (~ sotto la pioggia)	lagem	[lágɛm]
foschia (f), nebbia (f)	mjegull (f)	[mjéguɫ]
nebbioso (agg)	e mjegullt	[ɛ mjéguɫt]
neve (f)	borë (f)	[bórə]
nevica	bie borë	[bíɛ bórə]

134. Rigide condizioni metereologiche. Disastri naturali

temporale (m)	stuhi (f)	[stuhí]
fulmine (f)	vetëtimë (f)	[vɛtətímə]
lampeggiare (vi)	vetëton	[vɛtətón]
tuono (m)	bubullimë (f)	[bubuɫímə]
tuonare (vi)	bubullon	[bubuɫón]
tuona	bubullon	[bubuɫón]
grandine (f)	breshër (m)	[bréʃər]
grandina	po bie breshër	[po biɛ bréʃər]
inondare (vt)	përmbytet	[pərmbýtɛt]
inondazione (f)	përmbytje (f)	[pərmbýtjɛ]
terremoto (m)	tërmet (m)	[tərmét]
scossa (f)	lëkundje (f)	[ləkúndjɛ]
epicentro (m)	epiqendër (f)	[ɛpicéndər]
eruzione (f)	shpërthim (m)	[ʃpərθím]
lava (f)	llavë (f)	[ɫávə]
tromba (f) d'aria	vorbull (f)	[vórbuɫ]
tornado (m)	tornado (f)	[tornádo]
tifone (m)	tajfun (m)	[tajfún]
uragano (m)	uragan (m)	[uragán]
tempesta (f)	stuhi (f)	[stuhí]
tsunami (m)	cunam (m)	[tsunám]
ciclone (m)	ciklon (m)	[tsiklón]
maltempo (m)	mot i keq (m)	[mot i kɛc]
incendio (m)	zjarr (m)	[zjar]
disastro (m)	fatkeqësi (f)	[fatkɛcəsí]
meteorite (m)	meteor (m)	[mɛtɛór]
valanga (f)	ortek (m)	[orték]
slavina (f)	rrëshqitje bore (f)	[rəʃcítjɛ bórɛ]
tempesta (f) di neve	stuhi bore (f)	[stuhí bórɛ]
bufera (f) di neve	stuhi bore (f)	[stuhí bórɛ]

Fauna

135. Mammiferi. Predatori

predatore (m)	grabitqar (m)	[grabitcár]
tigre (f)	tigër (m)	[tígər]
leone (m)	luan (m)	[luán]
lupo (m)	ujk (m)	[ujk]
volpe (m)	dhelpër (f)	[ðélpər]
giaguaro (m)	jaguar (m)	[jaguár]
leopardo (m)	leopard (m)	[lɛopárd]
ghepardo (m)	gepard (m)	[gɛpárd]
pantera (f)	panterë e zezë (f)	[pantérə ɛ zézə]
puma (f)	puma (f)	[púma]
leopardo (m) delle nevi	leopard i borës (m)	[lɛopárd i bórəs]
lince (f)	rrëqebull (m)	[rəcébuɫ]
coyote (m)	kojotë (f)	[kojótə]
sciacallo (m)	çakall (m)	[tʃakáɫ]
iena (f)	hienë (f)	[hiénə]

136. Animali selvatici

animale (m)	kafshë (f)	[káfʃə]
bestia (f)	bishë (f)	[bíʃə]
scoiattolo (m)	ketër (m)	[kétər]
riccio (m)	iriq (m)	[iríc]
lepre (f)	lepur i egër (m)	[lépur i égər]
coniglio (m)	lepur (m)	[lépur]
tasso (m)	vjedull (f)	[vjéduɫ]
procione (f)	rakun (m)	[rakún]
criceto (m)	hamster (m)	[hamstér]
marmotta (f)	marmot (m)	[marmót]
talpa (f)	urith (m)	[uríθ]
topo (m)	mi (m)	[mi]
ratto (m)	mi (m)	[mi]
pipistrello (m)	lakuriq (m)	[lakuríc]
ermellino (m)	herminë (f)	[hɛrmínə]
zibellino (m)	kunadhe (f)	[kunáðɛ]
martora (f)	shqarth (m)	[ʃcarθ]
donnola (f)	nuselalë (f)	[nusɛlálə]
visone (m)	vizon (m)	[vizón]

castoro (m)	kastor (m)	[kastór]
lontra (f)	vidër (f)	[vídər]

cavallo (m)	kali (m)	[káli]
alce (m)	dre brilopatë (m)	[drɛ brilopátə]
cervo (m)	dre (f)	[drɛ]
cammello (m)	deve (f)	[dévɛ]

bisonte (m) americano	bizon (m)	[bizón]
bisonte (m) europeo	bizon evropian (m)	[bizón ɛvropián]
bufalo (m)	buall (m)	[búaɫ]

zebra (f)	zebër (f)	[zébər]
antilope (f)	antilopë (f)	[antilópə]
capriolo (m)	dre (f)	[drɛ]
daino (m)	dre ugar (m)	[drɛ ugár]
camoscio (m)	kamosh (m)	[kamóʃ]
cinghiale (m)	derr i egër (m)	[dér i égər]

balena (f)	balenë (f)	[balénə]
foca (f)	fokë (f)	[fókə]
tricheco (m)	lopë deti (f)	[lópə déti]
otaria (f)	fokë (f)	[fókə]
delfino (m)	delfin (m)	[dɛlfín]

orso (m)	ari (m)	[arí]
orso (m) bianco	ari polar (m)	[arí polár]
panda (m)	panda (f)	[pánda]

scimmia (f)	majmun (m)	[majmún]
scimpanzè (m)	shimpanze (f)	[ʃimpánzɛ]
orango (m)	orangutan (m)	[oraŋután]
gorilla (m)	gorillë (f)	[goríɫə]
macaco (m)	majmun makao (m)	[majmún makáo]
gibbone (m)	gibon (m)	[gibón]

elefante (m)	elefant (m)	[ɛlɛfánt]
rinoceronte (m)	rinoqeront (m)	[rinoqɛrónt]
giraffa (f)	gjirafë (f)	[ɟiráfə]
ippopotamo (m)	hipopotam (m)	[hipopotám]

canguro (m)	kangur (m)	[kaŋúr]
koala (m)	koala (f)	[koála]

mangusta (f)	mangustë (f)	[maŋústə]
cincillà (f)	çinçila (f)	[tʃintʃíla]
moffetta (f)	qelbës (m)	[célbəs]
istrice (m)	ferrëgjatë (m)	[fɛrəɟátə]

137. Animali domestici

gatta (f)	mace (f)	[mátsɛ]
gatto (m)	maçok (m)	[matʃók]
cane (m)	qen (m)	[cɛn]

cavallo (m)	kali (m)	[káli]
stallone (m)	hamshor (m)	[hamʃór]
giumenta (f)	pelë (f)	[pélə]

mucca (f)	lopë (f)	[lópə]
toro (m)	dem (m)	[dém]
bue (m)	ka (m)	[ka]

pecora (f)	dele (f)	[délɛ]
montone (m)	dash (m)	[daʃ]
capra (f)	dhi (f)	[ði]
caprone (m)	cjap (m)	[tsjáp]

asino (m)	gomar (m)	[gomár]
mulo (m)	mushkë (f)	[múʃkə]

porco (m)	derr (m)	[dɛr]
porcellino (m)	derrkuc (m)	[dɛrkúts]
coniglio (m)	lepur (m)	[lépur]

gallina (f)	pulë (f)	[púlə]
gallo (m)	gjel (m)	[ɟél]

anatra (f)	rosë (f)	[rósə]
maschio (m) dell'anatra	rosak (m)	[rosák]
oca (f)	patë (f)	[pátə]

tacchino (m)	gjel deti i egër (m)	[ɟél déti i égər]
tacchina (f)	gjel deti (m)	[ɟél déti]

animali (m pl) domestici	kafshë shtëpiake (f)	[káfʃə ʃtəpiákɛ]
addomesticato (agg)	i zbutur	[i zbútur]
addomesticare (vt)	zbus	[zbus]
allevare (vt)	rrit	[rit]

fattoria (f)	fermë (f)	[férmə]
pollame (m)	pulari (f)	[pularí]
bestiame (m)	bagëti (f)	[bagətí]
branco (m), mandria (f)	kope (f)	[kopé]

scuderia (f)	stallë (f)	[státə]
porcile (m)	stallë e derrave (f)	[státə ɛ déravɛ]
stalla (f)	stallë e lopëve (f)	[státə ɛ lópəvɛ]
conigliera (f)	kolibe lepujsh (f)	[kolíbɛ lépujʃ]
pollaio (m)	kotec (m)	[kotéts]

138. Uccelli

uccello (m)	zog (m)	[zog]
colombo (m), piccione (m)	pëllumb (m)	[pəlúmb]
passero (m)	harabel (m)	[harabél]
cincia (f)	xhixhimës (m)	[dʒidʒimə́s]
gazza (f)	laraskë (f)	[laráskə]
corvo (m)	korb (m)	[korb]

cornacchia (f)	sorrë (f)	[sórə]
taccola (f)	galë (f)	[gálə]
corvo (m) nero	sorrë (f)	[sórə]
anatra (f)	rosë (f)	[rósə]
oca (f)	patë (f)	[pátə]
fagiano (m)	fazan (m)	[fazán]
aquila (f)	shqiponjë (f)	[ʃcipóɲə]
astore (m)	gjeraqinë (f)	[ɟɛracínə]
falco (m)	fajkua (f)	[fajkúa]
grifone (m)	hutë (f)	[hútə]
condor (m)	kondor (m)	[kondór]
cigno (m)	mjellmë (f)	[mjéɫmə]
gru (f)	lejlek (m)	[lɛjlék]
cicogna (f)	lejlek (m)	[lɛjlék]
pappagallo (m)	papagall (m)	[papagáɫ]
colibrì (m)	kolibri (m)	[kolíbri]
pavone (m)	pallua (m)	[paɫúa]
struzzo (m)	struc (m)	[struts]
airone (m)	çafkë (f)	[tʃáfkə]
fenicottero (m)	flamingo (m)	[flamíŋo]
pellicano (m)	pelikan (m)	[pɛlikán]
usignolo (m)	bilbil (m)	[bilbíl]
rondine (f)	dallëndyshe (f)	[daɫəndýʃɛ]
tordo (m)	mëllenjë (f)	[məɫéɲə]
tordo (m) sasello	grifsha (f)	[grífʃa]
merlo (m)	mëllenjë (f)	[məɫéɲə]
rondone (m)	dallëndyshe (f)	[daɫəndýʃɛ]
allodola (f)	thëllëzë (f)	[θəɫézə]
quaglia (f)	trumcak (m)	[trumtsák]
picchio (m)	qukapik (m)	[cukapík]
cuculo (m)	kukuvajkë (f)	[kukuvájkə]
civetta (f)	buf (m)	[buf]
gufo (m) reale	buf mbretëror (m)	[buf mbrɛtərór]
urogallo (m)	fazan i pyllit (m)	[fazán i pýɫit]
fagiano (m) di monte	fazan i zi (m)	[fazán i zí]
pernice (f)	thëllëzë (f)	[θəɫézə]
storno (m)	gargull (m)	[gárguɫ]
canarino (m)	kanarinë (f)	[kanarínə]
francolino (m) di monte	fazan mali (m)	[fazán máli]
fringuello (m)	trishtil (m)	[triʃtíl]
ciuffolotto (m)	trishtil dimri (m)	[triʃtíl dímri]
gabbiano (m)	pulëbardhë (f)	[puləbárðə]
albatro (m)	albatros (m)	[albatrós]
pinguino (m)	penguin (m)	[pɛɲuín]

139. Pesci. Animali marini

abramide (f)	krapuliq (m)	[krapulíc]
carpa (f)	krap (m)	[krap]
perca (f)	perç (m)	[pɛrtʃ]
pesce (m) gatto	mustak (m)	[musták]
luccio (m)	mlysh (m)	[mlýʃ]
salmone (m)	salmon (m)	[salmón]
storione (m)	bli (m)	[blí]
aringa (f)	harengë (f)	[haréŋə]
salmone (m)	salmon Atlantiku (m)	[salmón atlantíku]
scombro (m)	skumbri (m)	[skúmbri]
sogliola (f)	shojzë (f)	[ʃójzə]
lucioperca (f)	troftë (f)	[tróftə]
merluzzo (m)	merluc (m)	[mɛrlúts]
tonno (m)	tunë (f)	[túnə]
trota (f)	troftë (f)	[tróftə]
anguilla (f)	ngjalë (f)	[ɲɟálə]
torpedine (f)	peshk elektrik (m)	[pɛʃk ɛlɛktrík]
murena (f)	ngjalë morel (f)	[ɲɟálə morél]
piranha (f)	piranja (f)	[piráɲa]
squalo (m)	peshkaqen (m)	[pɛʃkacén]
delfino (m)	delfin (m)	[dɛlfín]
balena (f)	balenë (f)	[balénə]
granchio (m)	gaforre (f)	[gafórɛ]
medusa (f)	kandil deti (m)	[kandíl déti]
polpo (m)	oktapod (m)	[oktapód]
stella (f) marina	yll deti (m)	[yɫ déti]
riccio (m) di mare	iriq deti (m)	[iríc déti]
cavalluccio (m) marino	kalë deti (m)	[kálə déti]
ostrica (f)	midhje (f)	[míðjɛ]
gamberetto (m)	karkalec (m)	[karkaléts]
astice (m)	karavidhe (f)	[karavíðɛ]
aragosta (f)	karavidhe (f)	[karavíðɛ]

140. Anfibi. Rettili

serpente (m)	gjarpër (m)	[ɟárpər]
velenoso (agg)	helmues	[hɛlmúɛs]
vipera (f)	nepërka (f)	[nɛpérka]
cobra (m)	kobra (m)	[kóbra]
pitone (m)	piton (m)	[pitón]
boa (m)	boa (f)	[bóa]
biscia (f)	kular (m)	[kulár]

serpente (m) a sonagli	gjarpër me zile (m)	[ɲárpər mɛ zílɛ]
anaconda (f)	anakonda (f)	[anakónda]
lucertola (f)	hardhucë (f)	[harðútsə]
iguana (f)	iguana (f)	[iguána]
varano (m)	varan (m)	[varán]
salamandra (f)	salamandër (f)	[salamándər]
camaleonte (m)	kameleon (m)	[kamɛlɛón]
scorpione (m)	akrep (m)	[akrép]
tartaruga (f)	breshkë (f)	[bréʃkə]
rana (f)	bretkosë (f)	[brɛtkósə]
rospo (m)	zhabë (f)	[ʒábə]
coccodrillo (m)	krokodil (m)	[krokodíl]

141. Insetti

insetto (m)	insekt (m)	[insékt]
farfalla (f)	flutur (f)	[flútur]
formica (f)	milingonë (f)	[miliŋónə]
mosca (f)	mizë (f)	[mízə]
zanzara (f)	mushkonjë (f)	[muʃkóɲə]
scarabeo (m)	brumbull (m)	[brúmbuɫ]
vespa (f)	grerëz (f)	[grérəz]
ape (f)	bletë (f)	[blétə]
bombo (m)	greth (m)	[grɛθ]
tafano (m)	zekth (m)	[zɛkθ]
ragno (m)	merimangë (f)	[mɛrimáŋə]
ragnatela (f)	rrjetë merimange (f)	[rjétə mɛrimáŋɛ]
libellula (f)	pilivesë (f)	[pilivésə]
cavalletta (f)	karkalec (m)	[karkaléts]
farfalla (f) notturna	molë (f)	[mólə]
scarafaggio (m)	kacabu (f)	[katsabú]
zecca (f)	rriqër (m)	[rítsər]
pulce (f)	plesht (m)	[plɛʃt]
moscerino (m)	mushicë (f)	[muʃítsə]
locusta (f)	gjinkallë (f)	[ɲinkáɫə]
lumaca (f)	kërmill (m)	[kərmíɫ]
grillo (m)	bulkth (m)	[búlkθ]
lucciola (f)	xixëllonjë (f)	[dzidzəɫóɲə]
coccinella (f)	mollëkuqe (f)	[moɫəkúcɛ]
maggiolino (m)	vizhë (f)	[víʒə]
sanguisuga (f)	shushunjë (f)	[ʃuʃúɲə]
bruco (m)	vemje (f)	[vémjɛ]
verme (m)	krimb toke (m)	[krímb tókɛ]
larva (f)	larvë (f)	[lárvə]

Flora

142. Alberi

albero (m)	pemë (f)	[pémə]
deciduo (agg)	gjethor	[ɟɛθór]
conifero (agg)	halor	[halór]
sempreverde (agg)	përherë të gjelbra	[pərhérə tə ɟélbra]
melo (m)	pemë molle (f)	[pémə móɫɛ]
pero (m)	pemë dardhe (f)	[pémə dárðɛ]
ciliegio (m)	pemë qershie (f)	[pémə cɛrʃíɛ]
amareno (m)	pemë qershi vishnje (f)	[pémə cɛrʃí víʃɲɛ]
prugno (m)	pemë kumbulle (f)	[pémə kúmbuɫɛ]
betulla (f)	mështekna (f)	[məʃtékna]
quercia (f)	lis (m)	[lis]
tiglio (m)	bli (m)	[blí]
pioppo (m) tremolo	plep i egër (m)	[plɛp i égər]
acero (m)	panjë (f)	[páɲə]
abete (m)	bredh (m)	[brɛð]
pino (m)	pishë (f)	[píʃə]
larice (m)	larsh (m)	[lárʃ]
abete (m) bianco	bredh i bardhë (m)	[brɛð i bárðə]
cedro (m)	kedër (m)	[kédər]
pioppo (m)	plep (m)	[plɛp]
sorbo (m)	vadhë (f)	[váðə]
salice (m)	shelg (m)	[ʃɛlg]
alno (m)	verr (m)	[vɛr]
faggio (m)	ah (m)	[ah]
olmo (m)	elm (m)	[élm]
frassino (m)	shelg (m)	[ʃɛlg]
castagno (m)	gështenjë (f)	[gəʃtéɲə]
magnolia (f)	manjolia (f)	[maɲólia]
palma (f)	palma (f)	[pálma]
cipresso (m)	qiparis (m)	[ciparís]
mangrovia (f)	rizoforë (f)	[rizofórə]
baobab (m)	baobab (m)	[baobáb]
eucalipto (m)	eukalipt (m)	[ɛukalípt]
sequoia (f)	sekuojë (f)	[sɛkuójə]

143. Arbusti

cespuglio (m)	shkurre (f)	[ʃkúrɛ]
arbusto (m)	kaçube (f)	[katʃúbɛ]

vite (f)	hardhi (f)	[harðí]
vigneto (m)	vreshtë (f)	[vréʃtə]
lampone (m)	mjedër (f)	[mjédər]
ribes (m) nero	kaliboba e zezë (f)	[kalibóba ɛ zézə]
ribes (m) rosso	kaliboba e kuqe (f)	[kalibóba ɛ kúcɛ]
uva (f) spina	shkurre kulumbrie (f)	[ʃkúrɛ kulumbríɛ]
acacia (f)	akacie (f)	[akátsiɛ]
crespino (m)	krespinë (f)	[krɛspínə]
gelsomino (m)	jasemin (m)	[jasɛmín]
ginepro (m)	dëllinjë (f)	[dəɫíɲə]
roseto (m)	trëndafil (m)	[trəndafíl]
rosa (f) canina	trëndafil i egër (m)	[trəndafíl i égər]

144. Frutti. Bacche

frutto (m)	frut (m)	[frut]
frutti (m pl)	fruta (pl)	[frúta]
mela (f)	mollë (f)	[móɫə]
pera (f)	dardhë (f)	[dárðə]
prugna (f)	kumbull (f)	[kúmbuɫ]
fragola (f)	luleshtrydhe (f)	[lulɛʃtrýðɛ]
amarena (f)	qershi vishnje (f)	[cɛrʃí víʃɲɛ]
ciliegia (f)	qershi (f)	[cɛrʃí]
uva (f)	rrush (m)	[ruʃ]
lampone (m)	mjedër (f)	[mjédər]
ribes (m) nero	kaliboba e zezë (f)	[kalibóba ɛ zézə]
ribes (m) rosso	kaliboba e kuqe (f)	[kalibóba ɛ kúcɛ]
uva (f) spina	kulumbri (f)	[kulumbrí]
mirtillo (m) di palude	boronica (f)	[boronítsa]
arancia (f)	portokall (m)	[portokáɫ]
mandarino (m)	mandarinë (f)	[mandarínə]
ananas (m)	ananas (m)	[ananás]
banana (f)	banane (f)	[banánɛ]
dattero (m)	hurmë (f)	[húrmə]
limone (m)	limon (m)	[limón]
albicocca (f)	kajsi (f)	[kajsí]
pesca (f)	pjeshkë (f)	[pjéʃkə]
kiwi (m)	kivi (m)	[kívi]
pompelmo (m)	grejpfrut (m)	[grɛjpfrút]
bacca (f)	manë (f)	[mánə]
bacche (f pl)	mana (f)	[mána]
mirtillo (m) rosso	boronicë mirtile (f)	[boronítsə mirtílɛ]
fragola (f) di bosco	luleshtrydhe e egër (f)	[lulɛʃtrýðɛ ɛ égər]
mirtillo (m)	boronicë (f)	[boronítsə]

145. Fiori. Piante

fiore (m)	lule (f)	[lúlɛ]
mazzo (m) di fiori	buqetë (f)	[bucétə]

rosa (f)	trëndafil (m)	[trəndafíl]
tulipano (m)	tulipan (m)	[tulipán]
garofano (m)	karafil (m)	[karafíl]
gladiolo (m)	gladiolë (f)	[gladiólə]

fiordaliso (m)	lule misri (f)	[lúlɛ mísri]
campanella (f)	lule këmborë (f)	[lúlɛ kəmbórə]
soffione (m)	luleradhiqe (f)	[lulɛraðícɛ]
camomilla (f)	kamomil (m)	[kamomíl]

aloe (m)	aloe (f)	[alóɛ]
cactus (m)	kaktus (m)	[kaktús]
ficus (m)	fikus (m)	[fíkus]

giglio (m)	zambak (m)	[zambák]
geranio (m)	barbarozë (f)	[barbarózə]
giacinto (m)	zymbyl (m)	[zymbýl]

mimosa (f)	mimoza (f)	[mimóza]
narciso (m)	narcis (m)	[nartsís]
nasturzio (m)	lule këmbore (f)	[lúlɛ kəmbórɛ]

orchidea (f)	orkide (f)	[orkidé]
peonia (f)	bozhure (f)	[boʒúrɛ]
viola (f)	vjollcë (f)	[vjóɫtsə]

viola (f) del pensiero	lule vjollca (f)	[lúlɛ vjóɫtsa]
nontiscordardimé (m)	mosmëharro (f)	[mosməharó]
margherita (f)	margaritë (f)	[margarítə]

papavero (m)	lulëkuqe (f)	[luləkúcɛ]
canapa (f)	kërp (m)	[kérp]
menta (f)	mendër (f)	[méndər]

mughetto (m)	zambak i fushës (m)	[zambák i fúʃəs]
bucaneve (m)	luleborë (f)	[lulɛbórə]

ortica (f)	hithra (f)	[híθra]
acetosa (f)	lëpjeta (f)	[ləpjéta]
ninfea (f)	zambak uji (m)	[zambák úji]
felce (f)	fier (m)	[fíɛɾ]
lichene (m)	likene (f)	[likénɛ]

serra (f)	serrë (f)	[sérə]
prato (m) erboso	lëndinë (f)	[ləndínə]
aiuola (f)	kënd lulishteje (m)	[kənd lulíʃtɛjɛ]

pianta (f)	bimë (f)	[bímə]
erba (f)	bar (m)	[bar]
filo (m) d'erba	fije bari (f)	[fíjɛ bári]

foglia (f)	gjeth (m)	[ɟɛθ]
petalo (m)	petale (f)	[pɛtálɛ]
stelo (m)	bisht (m)	[biʃt]
tubero (m)	zhardhok (m)	[ʒarðók]
germoglio (m)	filiz (m)	[filíz]
spina (f)	gjemb (m)	[ɟémb]
fiorire (vi)	lulëzoj	[luləzój]
appassire (vi)	vyshket	[výʃkɛt]
odore (m), profumo (m)	aromë (f)	[arómə]
tagliare (~ i fiori)	pres lulet	[prɛs lúlɛt]
cogliere (vt)	mbledh lule	[mbléð lúlɛ]

146. Cereali, granaglie

grano (m)	drithë (m)	[dríθə]
cereali (m pl)	drithëra (pl)	[dríθəra]
spiga (f)	kaush (m)	[kaúʃ]
frumento (m)	grurë (f)	[grúrə]
segale (f)	thekër (f)	[θékər]
avena (f)	tërshërë (f)	[tərʃérə]
miglio (m)	mel (m)	[mɛl]
orzo (m)	elb (m)	[ɛlb]
mais (m)	misër (m)	[mísər]
riso (m)	oriz (m)	[oríz]
grano (m) saraceno	hikërr (m)	[híkər]
pisello (m)	bizele (f)	[bizélɛ]
fagiolo (m)	groshë (f)	[gróʃə]
soia (f)	sojë (f)	[sójə]
lenticchie (f pl)	thjerrëz (f)	[θjérrəz]
fave (f pl)	fasule (f)	[fasúlɛ]

PAESI. NAZIONALITÀ

147. Europa occidentale

Europa (f)	Evropa (f)	[ɛvrópa]
Unione (f) Europea	Bashkimi Evropian (m)	[baʃkími ɛvropián]
Austria (f)	Austri (f)	[austrí]
Gran Bretagna (f)	Britani e Madhe (f)	[brítani ɛ máðɛ]
Inghilterra (f)	Angli (f)	[aŋlí]
Belgio (m)	Belgjikë (f)	[bɛlɟíkə]
Germania (f)	Gjermani (f)	[ɟɛrmaní]
Paesi Bassi (m pl)	Holandë (f)	[holándə]
Olanda (f)	Holandë (f)	[holándə]
Grecia (f)	Greqi (f)	[grɛcí]
Danimarca (f)	Danimarkë (f)	[danimárkə]
Irlanda (f)	Irlandë (f)	[irlándə]
Islanda (f)	Islandë (f)	[islándə]
Spagna (f)	Spanjë (f)	[spáɲə]
Italia (f)	Itali (f)	[italí]
Cipro (m)	Qipro (f)	[cípro]
Malta (f)	Maltë (f)	[máltə]
Norvegia (f)	Norvegji (f)	[norvɛɟí]
Portogallo (f)	Portugali (f)	[portugalí]
Finlandia (f)	Finlandë (f)	[finlándə]
Francia (f)	Francë (f)	[frántsə]
Svezia (f)	Suedi (f)	[suɛdí]
Svizzera (f)	Zvicër (f)	[zvítsər]
Scozia (f)	Skoci (f)	[skotsí]
Vaticano (m)	Vatikan (m)	[vatikán]
Liechtenstein (m)	Lichtenstein (m)	[litshtɛnstéin]
Lussemburgo (m)	Luksemburg (m)	[luksɛmbúrg]
Monaco (m)	Monako (f)	[monáko]

148. Europa centrale e orientale

Albania (f)	Shqipëri (f)	[ʃcipərí]
Bulgaria (f)	Bullgari (f)	[buɫgarí]
Ungheria (f)	Hungari (f)	[huŋarí]
Lettonia (f)	Letoni (f)	[lɛtoní]
Lituania (f)	Lituani (f)	[lituaní]
Polonia (f)	Poloni (f)	[poloní]

Romania (f)	Rumani (f)	[rumaní]
Serbia (f)	Serbi (f)	[sɛrbí]
Slovacchia (f)	Sllovaki (f)	[słovakí]

Croazia (f)	Kroaci (f)	[kroatsí]
Repubblica (f) Ceca	Republika Çeke (f)	[rɛpublíka tʃékɛ]
Estonia (f)	Estoni (f)	[ɛstoní]

Bosnia-Erzegovina (f)	Bosnje Herzegovina (f)	[bósɲɛ hɛrzɛgovína]
Macedonia (f)	Maqedonia (f)	[macɛdonía]
Slovenia (f)	Sllovenia (f)	[słovɛnía]
Montenegro (m)	Mali i Zi (m)	[máli i zí]

149. Paesi dell'ex Unione Sovietica

| Azerbaigian (m) | Azerbajxhan (m) | [azɛrbajdʒán] |
| Armenia (f) | Armeni (f) | [armɛní] |

Bielorussia (f)	Bjellorusi (f)	[bjɛłorusí]
Georgia (f)	Gjeorgji (f)	[ɟeorɟí]
Kazakistan (m)	Kazakistan (m)	[kazakistán]
Kirghizistan (m)	Kirgistan (m)	[kirgistán]
Moldavia (f)	Moldavi (f)	[moldaví]

| Russia (f) | Rusi (f) | [rusí] |
| Ucraina (f) | Ukrainë (f) | [ukraínə] |

Tagikistan (m)	Taxhikistan (m)	[tadʒikistán]
Turkmenistan (m)	Turkmenistan (m)	[turkmɛnistán]
Uzbekistan (m)	Uzbekistan (m)	[uzbɛkistán]

150. Asia

Asia (f)	Azia (f)	[azía]
Vietnam (m)	Vietnam (m)	[viɛtnám]
India (f)	Indi (f)	[indí]
Israele (m)	Izrael (m)	[izraél]

Cina (f)	Kinë (f)	[kínə]
Libano (m)	Liban (m)	[libán]
Mongolia (f)	Mongoli (f)	[moŋolí]

| Malesia (f) | Malajzi (f) | [malajzí] |
| Pakistan (m) | Pakistan (m) | [pakistán] |

Arabia Saudita (f)	Arabia Saudite (f)	[arabía saudítɛ]
Tailandia (f)	Tajlandë (f)	[tajlándə]
Taiwan (m)	Tajvan (m)	[tajván]
Turchia (f)	Turqi (f)	[turcí]
Giappone (m)	Japoni (f)	[japoní]
Afghanistan (m)	Afganistan (m)	[afganistán]
Bangladesh (m)	Bangladesh (m)	[baŋladéʃ]

| Indonesia (f) | Indonezi (f) | [indonɛzí] |
| Giordania (f) | Jordani (f) | [jordaní] |

Iraq (m)	Irak (m)	[irak]
Iran (m)	Iran (m)	[irán]
Cambogia (f)	Kamboxhia (f)	[kambódʒia]
Kuwait (m)	Kuvajt (m)	[kuvájt]

Laos (m)	Laos (m)	[láos]
Birmania (f)	Mianmar (m)	[mianmár]
Nepal (m)	Nepal (m)	[nɛpál]
Emirati (m pl) Arabi	Emiratet e Bashkuara Arabe (pl)	[ɛmirátɛt ɛ baʃkúara arábɛ]

| Siria (f) | Siri (f) | [sirí] |
| Palestina (f) | Palestinë (f) | [palɛstínə] |

| Corea (f) del Sud | Korea e Jugut (f) | [koréa ɛ júgut] |
| Corea (f) del Nord | Korea e Veriut (f) | [koréa ɛ vériut] |

151. America del Nord

Stati (m pl) Uniti d'America	Shtetet e Bashkuara të Amerikës	[ʃtétɛt ɛ baʃkúara tə amɛríkəs]
Canada (m)	Kanada (f)	[kanadá]
Messico (m)	Meksikë (f)	[mɛksíkə]

152. America centrale e America del Sud

Argentina (f)	Argjentinë (f)	[aɲɛntínə]
Brasile (m)	Brazil (m)	[brazíl]
Colombia (f)	Kolumbi (f)	[kolumbí]

| Cuba (f) | Kuba (f) | [kúba] |
| Cile (m) | Kili (m) | [kíli] |

| Bolivia (f) | Bolivi (f) | [bolivî] |
| Venezuela (f) | Venezuelë (f) | [vɛnɛzuélə] |

| Paraguay (m) | Paraguai (m) | [paraguái] |
| Perù (m) | Peru (f) | [pɛrú] |

Suriname (m)	Surinam (f)	[surinám]
Uruguay (m)	Uruguai (m)	[uruguái]
Ecuador (m)	Ekuador (m)	[ɛkuadór]

| Le Bahamas | Bahamas (m) | [bahámas] |
| Haiti (f) | Haiti (m) | [haíti] |

Repubblica (f) Dominicana	Republika Dominikane (f)	[rɛpublíka dominikánɛ]
Panama (m)	Panama (f)	[panamá]
Giamaica (f)	Xhamajka (f)	[dʒamájka]

153. Africa

Italiano	Albanese	Pronuncia
Egitto (m)	Egjipt (m)	[εɟípt]
Marocco (m)	Marok (m)	[marók]
Tunisia (f)	Tunizi (f)	[tunizí]
Ghana (m)	Gana (f)	[gána]
Zanzibar	Zanzibar (m)	[zanzibár]
Kenya (m)	Kenia (f)	[kénia]
Libia (f)	Libia (f)	[libía]
Madagascar (m)	Madagaskar (m)	[madagaskár]
Namibia (f)	Namibia (f)	[namíbia]
Senegal (m)	Senegal (m)	[sɛnɛgál]
Tanzania (f)	Tanzani (f)	[tanzaní]
Repubblica (f) Sudafricana	Afrika e Jugut (f)	[afríka ɛ júgut]

154. Australia. Oceania

Italiano	Albanese	Pronuncia
Australia (f)	Australia (f)	[australía]
Nuova Zelanda (f)	Zelandë e Re (f)	[zɛlándə ɛ ré]
Tasmania (f)	Tasmani (f)	[tasmaní]
Polinesia (f) Francese	Polinezia Franceze (f)	[polinɛzía frantsézɛ]

155. Città

Italiano	Albanese	Pronuncia
L'Aia	Hagë (f)	[hágə]
Amburgo	Hamburg (m)	[hambúrg]
Amsterdam	Amsterdam (m)	[amstɛrdám]
Ankara	Ankara (f)	[ankará]
Atene	Athinë (f)	[aθínə]
L'Avana	Havana (f)	[havána]
Baghdad	Bagdad (m)	[bagdád]
Bangkok	Bangkok (m)	[baŋkók]
Barcellona	Barcelonë (f)	[bartsɛlónə]
Beirut	Bejrut (m)	[bɛjrút]
Berlino	Berlin (m)	[bɛrlín]
Bombay, Mumbai	Mumbai (m)	[mumbái]
Bonn	Bon (m)	[bon]
Bordeaux	Bordo (f)	[bordó]
Bratislava	Bratislavë (f)	[bratislávə]
Bruxelles	Bruksel (m)	[bruksél]
Bucarest	Bukuresht (m)	[bukuréʃt]
Budapest	Budapest (m)	[budapést]
Il Cairo	Kajro (f)	[kájro]
Calcutta	Kalkutë (f)	[kalkútə]
Chicago	Çikago (f)	[tʃikágo]

Italiano	Albanese	Pronuncia
Città del Messico	Meksiko Siti (m)	[méksiko síti]
Copenaghen	Kopenhagen (m)	[kopɛnhágɛn]
Dar es Salaam	Dar es Salam (m)	[dar ɛs salám]
Delhi	Delhi (f)	[délhi]
Dubai	Dubai (m)	[dubái]
Dublino	Dublin (m)	[dúblin]
Düsseldorf	Dyseldorf (m)	[dysɛldórf]
Firenze	Firence (f)	[firéntsɛ]
Francoforte	Frankfurt (m)	[frankfúrt]
Gerusalemme	Jerusalem (m)	[jɛrusalém]
Ginevra	Gjenevë (f)	[ɟɛnévə]
Hanoi	Hanoi (m)	[hanói]
Helsinki	Helsinki (m)	[hɛlsínki]
Hiroshima	Hiroshimë (f)	[hiroʃímə]
Hong Kong	Hong Kong (m)	[hoŋ kóŋ]
Istanbul	Stamboll (m)	[stambóɫ]
Kiev	Kiev (m)	[kíɛv]
Kuala Lumpur	Kuala Lumpur (m)	[kuála lumpúr]
Lione	Lion (m)	[lión]
Lisbona	Lisbonë (f)	[lisbónə]
Londra	Londër (f)	[lóndər]
Los Angeles	Los Anxhelos (m)	[lós andʒɛlós]
Madrid	Madrid (m)	[madríd]
Marsiglia	Marsejë (f)	[marséjə]
Miami	Majami (m)	[majámi]
Monaco di Baviera	Munih (m)	[muníh]
Montreal	Montreal (m)	[montrɛál]
Mosca	Moskë (f)	[móskə]
Nairobi	Najrobi (m)	[najróbi]
Napoli	Napoli (m)	[nápoli]
New York	Nju Jork (m)	[ɲu jork]
Nizza	Nisë (m)	[nísə]
Oslo	oslo (f)	[óslo]
Ottawa	Otava (f)	[otáva]
Parigi	Paris (m)	[parís]
Pechino	Pekin (m)	[pɛkín]
Praga	Pragë (f)	[prágə]
Rio de Janeiro	Rio de Zhaneiro (m)	[río dɛ ʒanéiro]
Roma	Romë (f)	[rómə]
San Pietroburgo	Shën Petersburg (m)	[ʃən pɛtɛrsbúrg]
Seoul	Seul (m)	[sɛúl]
Shanghai	Shangai (m)	[ʃaŋái]
Sidney	Sidney (m)	[sidnéy]
Singapore	Singapor (m)	[siŋapór]
Stoccolma	Stokholm (m)	[stokhólm]
Taipei	Taipei (m)	[taipéi]
Tokio	Tokio (f)	[tókio]

Toronto	**Toronto** (f)	[torónto]
Varsavia	**Varshavë** (f)	[varʃávə]
Venezia	**Venecia** (f)	[vɛnétsia]
Vienna	**Vjenë** (f)	[vjénə]
Washington	**Uashington** (m)	[vaʃiŋtón]

www.ingramcontent.com/pod-product-compliance
Lightning Source LLC
Chambersburg PA
CBHW070600050426
42450CB00011B/2920